Vellykkede forbedrings- prosjekter

ved hjelp av
Lean Six Sigma-metoden

Dr.ing. Sven H. Danielsen

For oppdateringer og informasjon om andre bøker besøk: www.aksenapress.no

© 2013 Aksena Press AS
1. utgave mars 2013

ISBN 978-82-998783-1-9

Forlagsredaktør: Sven H. Danielsen

Produksjon: www.arenamedia.no
Omslagsdesign: www.arenamedia.no

Alle henvendelser kan rettes til:
Aksena Press AS
E-post: post@aksenapress.no
Postboks 9149
3006 Drammen
Norge

http://www.aksenapress.no

Til minne om min far Odd A. Danielsen 1929–2012.

Du var en grunnmur av trygghet. Dine vise ord lever videre.

INNHOLD

Hvorfor bør du bruke Lean Six Sigma og velge denne boka?...................... 10

I takknemlighet... 12

Forord 14

Om innholdet i boka.. 16

1   Verktøyreferanse 19

2   Introduksjon til Lean og Lean Six Sigma.......................... 21

3   Overordnet om metoden DMAIC 25

4   Definere prosjektet – inklusive problemet (Define) 33

4.1   Prosjektroller, interessenter og kommunikasjonsplan 34

4.2   Presisering av oppdraget 38

4.2.1   Prosjektets tittel 38

4.2.2   Hva er problemet? (problembeskrivelsen) 39

4.2.3   Hvor finnes viktige årsaker, og hvem er kunder og kravstillere?.... 40

4.2.4   Hvilke krav har kundene?.. 46

         4.2.4.1 Gjennomføring av brainwriting.............................. 49

         4.2.4.2 Kartlegging av kundekrav gjennom intervju.......................... 50

         4.2.4.3 Prioritering ved hjelp av votering (multivoting) 50

4.2.4.4 Leveranser i prosjekt, prosess og virksomhetsperspektivene 51

4.2.4.5 Merknader 52

4.2.5   Hva er de antatte gevinstene ved å gjennomføre prosjektet? 54

4.2.6   Hvilke føringer gjelder for prosjektet? 56

4.2.7   Hva er den planlagte fremdriften? 56

4.2.8   Hvilke er prosjektets risikofaktorer? 57

5   Finne årsakene til problemet (Measure/Analyse) 59

5.1   Introduksjon til fiskebeinsdiagrammet 60

5.2   Kartlegging av årsak/virkning-sammenhenger 65

5.3   Prosesskartlegging 73

5.3.1 Fremgangsmåte ved prosesskartlegging 75

5.3.2 Aktivitetsflytdiagram 77

5.3.3 Funksjonsflytdiagram 78

5.3.4 Verdiflytdiagram 80

5.3.5 Flytdiagram utvidet med faktabokser og informasjonsflyt 82

5.3.6 Spagettidiagram 84

5.4   Bruk av videokamera for å analysere prosessen 86

5.5   Datainnsamlingsplan og målesystemverifikasjon 87

5.6   Dataanalyse 88

5.6.1 Histogram 88

5.6.2 Scatter-diagram 90

5.6.3	Paretodiagram	91
5.6.4	Individuelt kontrolldiagram	92
5.7	Merknader	94
5.7.1	Eksperimentell forsøksdesign	94
5.7.2	Forbedringer uten faktabaserte beslutninger	94
5.7.3	Bruk av prosesskart allerede i define-fasen	94
5.7.4	Felles rotårsaker til flere direkteårsaker	95
5.7.5	Standardisering av årsaksbeskrivelser	95
5.7.6	Når deltakerne vil snakke om løsninger og ikke om årsaker	96
5.7.7	Unngå diffuse årsaker og syndebukkmentalitet	96
5.7.8	"5 x hvorfor"	97
6	**Identifisere løsninger og implementere (Improve)**	**101**
6.1	Fremgangsmåten i forbedringsfasen (improve)	101
6.2	Brainwriting 6-3-5	107
6.3	Bruk av kriteriematrise og prioriteringsmatrise i beslutningsprosesser	108
6.4	Visuell prioritering med utgangspunkt i tre kriterier	112
6.5	Risikoanalyse ved hjelp av FMEA	113
6.6	Risikoanalyse ved hjelp av ROS-matrise	117

7   **Dokumentere forbedring og sikre varighet (Control)** 119

7.1   Leveranser i prosjektdimensjonen 120

7.2   Leveranser i prosessdimensjonen 123

7.3   Leveranser i virksomhetsdimensjonen 124

8   **Andre viktige verktøy i forbindelse med prosessforbedringer** 127

8.1   Verdistrømkartlegging 127

8.1.1   Fremgangsmåte for kartlegging av en verdistrøm 132

8.2   Arbeidsplassorganisering ved hjelp av 5S 133

8.2.1   Planlegging av 5S-gjennomføringen 134

8.2.2   Sortere 137

8.2.3   Systematisere 139

8.2.4   Skinne 142

8.2.5   Standardisere 143

8.2.6   Sikre 145

8.2.7   Eksemplets makt 145

8.2.8   Bruk av før og etter-bilder 145

8.3   Raske omstillinger ved hjelp av DMAIC 146

8.3.1   Fase 1: Definere og planlegge 151

8.3.2   Fase 2: Måle og analysere (measure/analyse) 152

8.3.3   Fase 3: Forbedre (improve) 156

8.3.4   Fase 4: Sikre (control) 160

9   **Maler** 163

9.1   Prosjektcharter i A3-format 163

9.2   Rapportmal for DMAIC i A3-format (= A3 storyboard) 164

9.3   Omfattende storyboard for dokumentasjon av forbedringsaktiviteter
og -prosjekter 166

9.4   Eksempel på 5S-sjekkliste – produksjonsmiljø 169

10   **Bibliografi** 171

Stikkordregister 172

Dr.ing. Sven H. Danielsen 175

Hvorfor bør du bruke Lean Six Sigma og velge denne boka?

Alle virksomheter har et kontinuerlig behov for å forbedre seg. Mange av de nødvendige forbedringene er lavthengende frukter som plukkes innenfor rammen av dag til dag-ledelse. Denne boka handler om metoder, verktøy, roller og ansvar i arbeidet med å plukke de høythengende fruktene. Det vil si forbedringer med tydelig effekt på kundens tilfredshet og/eller virksomhetens resultat. Lean Six Sigma-forbedringsmetoden DMAIC[1] har derfor en sentral plass i boka. Andre viktige metoder som diskuteres, er arbeids-plassorganisering ved hjelp av 5S, verdistrømkartlegging og raske omstillinger.

Lean Six Sigma-metoden er konkret når det gjelder *hva* som skal gjøres, og *hvordan* (verktøy) det skal gjøres. Dette har en rekke forretningsmessige, viktige fordeler:

1   Personer med lite eller ingen prosjektledererfaring kan påta seg ansvaret med å lede et forbedringsprosjekt.

2   Virksomheten kan standardisere gjennomføringsmodellen for alle forbedringspro-sjekter.

    • Standardisering muliggjør gjenbruk av metode og erfaringer.

    • Standardisering er et utgangspunkt for forbedring av metoden.

    • Standardisering forenkler opplæring.

3   Bedre og mer effektiv gjennomføring av forbedringsprosjekter.

4   Prosjekteiere og styringsgrupper med kunnskap om metoder og verktøy kan lettere engasjere seg i, følge opp og støtte prosjektene.

5   Prosjekteiere og styringsgrupper kan effektivisere tiden investert i oppfølging fordi standardisert gjennomføring og rapportering benyttes.

6   Ledergrupper kan gjenbruke metoden og verktøy i beslutningsprosesser.

---

1   DMAIC er en forkortelse for fasene Define, Measure, Analyse, Improve og Control

7 Virksomheten kan etablere en rolle for prosjektveiledning med standardiserte krav til kunnskap. (Black Belts og Lean-koordinatorer).

8 Det kan benyttes maler for prosjektdefinering og prosjektdokumentasjon.

9 Virksomheten kan enklere rekruttere personer med "standardisert" kunnskap om metoder og verktøy.

10 Leverandører og eksterne konsulenter med Lean Six Sigma kunnskap kan raskere og mer effektivt bidra i virksomhetens forbedringsarbeid.

11 Interessentene til forbedringsprosjekter kan forholde seg til en standardisert og dermed forutsigbar gjennomføringsmodell (metode). En gjennomføringsmodell som har et løsningsnøytralt utgangspunkt og inkluderer en aktiv kommunikasjonsplan.

Denne boka har som ambisjon å gi deg merverdi sammenlignet med tilsvarende bøker ved å:

- Beskrive verktøyene som integrerte "byggeklosser" i forbedringsmetoden DMAIC. Beskrivelsene fokuserer altså på hvordan de generelle verktøyene kan brukes til å realisere metoden.

- Prioritere forklaringer av viktige hovedverktøy fremfor sjeldent brukte spesial-verktøy.

- Generalisere forbedringsmetoden DMAIC slik at den kan standardiseres for alle typer forbedringsprosjekter.

- Inkludere erfaringsbaserte, praktiske tips.

- Inkludere beskrivelser av nødvendige forberedelser til viktige aktiviteter (for eksempel verdistrømkartlegging, 5S, årsak/virkning-kartlegging).

- Gi en tydelig beskrivelse av kravene til resultat for hver av forbedringsprosjektets faser.

- Foreslå innhold i maler for prosjektdefinering og prosjektrapportering.

I takknemlighet

Når jeg nå endelig har fått skrevet de siste linjene, er tiden inne for å se seg tilbake. I 1998–2002 var jeg leder for et mindre FoU-selskap som utviklet og solgte testsystemer til teleoperatører. Gjennom samarbeidet med selskapets største kunde, Telenor, traff jeg Oddvar Kolstad. Oddvar, som er en tenkende og meget lærd person, var av den oppfatning at jeg burde sette meg inn i Six Sigma. Han var helt overbevist om at metodene og verktøyene i Six Sigma virkelig kunne hjelpe mellomstore og store norske virksomheter til bedre lønnsomhet. Som travel leder hadde jeg ikke tid til å sette meg inn i Six Sigma, og kunne bare høflig fortelle Oddvar at han helt sikkert hadde rett, og at jeg hadde det på agendaen.

Da IT-boblen sprakk i 2000, sluttet alle teleoperatører å kjøpe utstyr, og jeg fikk jeg tid til å gjøre andre ting. Jeg ble med et antall personer fra Telenor til Sandholm Associates i Stockholm hvor vi gjennomførte en Black Belt-utdannelse. I tjue dager tok kursholderne Lars Sörqvist og Jörgen Gustavsson oss med på en meget interessant reise inn i Six Sigmas verden av verktøy og metoder. I løpet av tredje samling var jeg overbevist om min videre vei. Jeg bestemte meg for å avslutte mitt daværende jobbengasjement til fordel for en konsulentverden med Six Sigma som eneste fokuseringsområde. En stor takk til Lars og Jörgen som åpnet øynene mine gjennom et meget bra kursopplegg.

Med min nye Six Sigma Black Belt-kunnskap kom jeg raskt i kontakt med flere meget interessante bedrifter. Én av disse bedriftene var AF Gruppen. Daværende konsernsjef Per Aftreth hadde i flere år lett etter lederverktøy for å løfte kvaliteten i bygg- og anleggspro-sjekter. Per hadde funnet frem til Six Sigma. I mitt første møte med Per, der vi snakket om Six Sigma, snakket han også om stokastiske variabler. Jeg forstod ganske raskt at han ønsket virksomheten inn på det faktabaserte sporet mot rotårsakene til kvalitetsproblemer og økonomiske avvik. Jeg vil rette en stor takk til Per Aftreth for alt jeg har lært av samar-beidet med ham og hans medarbeidere.

Etter hvert som interessen for Six Sigma økte i Norge, bygget det seg opp et behov for Green og Black Belt-utdanning på norsk. Et meget omfattende arbeid med utvikling av kursmateriale begynte. Heldigvis hadde jeg allerede et meget godt samarbeid med Ulf Nordén i Team Racing i Stockholm. Ulf var tidligere Master Black Belt i GE Capital og hadde lang erfaring med ulike kursopplegg. Han hadde derfor klare oppfatninger av behovet for å forenkle teori og balansere teori og øvingsdel i kursene. Ulf holdt selv på å utvikle et svensk kursopplegg, så vi samarbeidet. Et samarbeid som jeg har lært utrolig mye av. Tusen takk til Ulf for meget nyttige diskusjoner og konkrete, omfattende innspill til kursene som vi utviklet for norske forhold.

Opp gjennom årene har jeg fått jobbe med mange personer som har eller har hatt ansvar for implementering av Lean og Six Sigma. Det er disse personene som ser hvor det er nødvendig å redusere kompleksitet, hva som må gjøres med kommunikasjon og involvering, hva slags infrastruktur som må bygges, og hvilke erfaringer som høstes når en må være pragmatisk med bruk av verktøy og metoder. Jeg er veldig takknemlig for alle konkrete innspill og erfaringer jeg har fått tatt del i ved å møte disse personene.

En stor takk til Thomas Løver (FMC Kongsberg Subsea), Roy Magnussen (Oso Hotwater), Øystein Larsen (Eltek), Frode Vågen (Eltek), Vegard Løkken (Nammo), Tor Arne Skjervheim (Nammo), Tom Thoresen (Nammo), Nils Buajordet (Nammo), Espen Haakestad (AF Gruppen), Vidar Tormodsen (AF Gruppen), John Bjarne Bye (KDA), Willy Andersen (tidligere DEFA) og Henning Bakken (Vestre Viken HF). Tusen takk til Oso og Nammo Raufoss for at jeg har fått bruke mange av deres bilder fra produksjonen som illustrasjoner i denne boka.

Til slutt vil jeg også takke Steve Crom i Valeocon for samarbeidet noen år tilbake. Steves rolige, tydelige, lyttende, interesserte og spørrende stil har vært, og er, et forbilde for meg.

Forord

I perioden fra 2002 og frem til i dag har jeg med stor interesse bygget kompetanse om bruk av Lean og Six Sigma for å nå forretningsmål. Kompetansen er basert på gjennomgang av mer enn 200 bøker, erfaring som kursholder, arbeid som konsulent, diskusjoner med toppledere, Lean-managere, Six Sigma-programansvarlige, operative Black Belts/Lean-koordinatorer og prosjektledere.

Viktige erfaringer og observasjoner i implementeringen av Lean og Six Sigma er som følger:

* Det er en naturlig evolusjon at Lean og Six Sigma smelter sammen.
* Om en virksomhet ønsker å bruke Lean og Six Sigma for å nå viktige strategiske mål, er det ikke tilstrekkelig å forankre beslutningen i ledergruppen. Det er toppleder og toppledelsen som må drive frem arbeidet gjennom egne handlinger. Det vil si at de må vise vei. Sagt på en annen måte: Om en betrakter Lean og Six Sigma som et kjøretøy for å nå forretningsmålene, så må toppledelen være med og designe og utvikle kjøretøyet, sette seg i førersetet, og sørge for at tempoet tilpasses målene, veien og organisasjonen.
* Virksomheter som ønsker å prøve ut Lean og Six Sigma i en pilotperiode uten at ledelsen engasjerer seg aktivt og viser vei, bør ikke starte i det hele tatt.
* Personen som er ansvarlig for Lean og Six Sigma-implementeringen må:
  - være meget motivert for ansvaret
  - ha forretningsfokus
  - forstå viktigheten av "keep it simple"
  - være særlig god på kommunikasjon, involvering og delegering
  - ha "licence to operate"
  - ha et direkte og tett samarbeid med toppleder
* Det er viktig at ledergruppa bruker tid til å forstå hvordan Lean og Six Sigma kan brukes til å nå virksomhetens strategiske mål, og innser viktigheten av å ha tålmodighet, utholdenhet og langsiktighet i arbeidet.
* De fleste virksomheter undervurderer viktigheten av å identifisere de "riktige" forbedringsprosjektene.

- Forbedringsmetoden DMAIC[2] bør "åpnes opp" slik at den også kan benyttes på problemstillinger der måling og dataanalyse er lite hensiktsmessig (det vil si for tidkrevende, for kostbart eller umulig). DMAIC kan da benyttes som en generell metode også for mindre problemstillinger. Denne boka har gjort nettopp dette. Kapittel 5.7.2 utdyper det.

- Forbedringsmetoden DMAIC er veldig egnet for prosjekter som må gå inn i kontroversielle og/eller "politiske" problemstillinger, der kommunikasjon og involvering er kritisk for å nå prosjektets målsettinger.

- Som en generell tilnærming til en problemløsning er forbedringsmetoden DMAIC langt mer konkret og standardisert enn forbedringssyklusen Plan Do Check Act (Dennis, 2007). Metoden kan derfor med fordel brukes som ramme for viktige, men mindre forbedringsaktiviteter i arbeidet med kontinuerlige daglige forbedringer.

- Arbeidsplassreorganisering bør inngå i en tidlig fase av en Lean-implementering.

- Verdistrømkartlegging er et meget nyttig verktøy for å identifisere problemer i prosesser.

For å holde omfanget av boka på et overkommelig nivå er dataanalysedelen av boka veldig begrenset. Om du ønsker å lese mer om datainnsamling, målesystemanalyse og dataanalyseverktøy, vil jeg anbefale deg bøkene (Rath and Strongs, 2006) og (Rath and Strong, 2004). Boka inkluderer heller ikke beskrivelse av Six Sigma-metoder for helhetlig design av produkter og prosesser.

Jeg håper du finner innholdet så interessant at boka følger med deg inn i dine forbedringsprosjekter og aktiviteter.

Sven H. Danielsen

---

2   Forbedringsmetoden DMAIC består av de 5 fasene Define, Measure, Analyse, Improve og Control.

Om innholdet i boka

Kapittel 1: Verktøyreferanse

Tabellen gir en alfabetisk oversikt over de viktigste verktøyene og metodene som beskrives i denne boka. Tabellen angir også i hvilken DMAIC-fase verktøyene vanligvis brukes og i hvilket kapittel verktøyet er beskrevet.

Kapittel 2: Introduksjon til Lean og Lean Six Sigma (L6S)

Dette kapittelet beskriver kortfattet hva Lean og Lean Six Sigma handler om.

Kapittel 3: Overordnet om metoden DMAIC (roadmap/veikart)

Problemløsningsmetoden DMAIC er omfattende. For ikke å miste perspektivet når detaljene i de enkelte verktøyene beskrives, er det hensiktsmessig hele tiden å holde et øye med hvor i metoden en befinner seg. Dette kapittelet beskriver metodens veikart (roadmap). Det vil si de overordnede trinnene i metoden fra problembeskrivelse, via kartlegging av årsak/virkning, til løsninger og hva som skal til for at problemet ikke dukker opp igjen.

Kapittel 4-7: Beskrivelse av metodikken og verktøyene i DMAIC

Med utgangspunkt i veikartet for DMAIC beskriver disse kapitlene mer inngående detaljer knyttet til fremgangsmåten og bruken av de ulike verktøyene. Beskrivelsene er forsøkt tilpasset det operative behov som prosjektledere og prosjektteam har i sine konkrete DMAIC-prosjekter.

Kapittel 8: Andre viktige verktøy til bruk i forbindelse med prosessforbedringer

Dette kapittelet beskriver verktøy og metoder for verdistrømanalyse, arbeidsplassorganisering (5S) og raske omstillinger. Verdistrømanalyse handler om å kartlegge sløsing (waste) og dermed identifisere forbedringsmuligheter i virksomhetens verdistrømmer. 5S handler om hva som må gjøres for å etablere et ryddig, rent, sikkert og visuelt arbeidsområde med best mulig flyt. Delkapittelet om raske omstillinger beskriver hvordan en kan gå frem for å minimere omstillingstiden i produksjonsprosesser.

Kapittel 9: Maler

I dette kapittelet finnes beskrivelser av maler for:

* å definere forbedringsprosjekter (prosjektcharter[3]) i A3-format
* å dokumentere forbedringsprosjektenes resultater i A3-format (storyboard)
* å dokumentere forbedringsprosjektenes løpende analyser, konklusjoner og resultater (storyboard). Dette innholdet er mye mer omfattende enn et storyboard i A3-format.

---

3   Et norsk ord for "prosjektcharter" er "prosjektbeskrivelse". Vi velger i denne boka å bruke "charter".

Notater

1 Verktøyreferanse

Tabellen gir en alfabetisk oversikt over de viktigste verktøyene og metodene som beskrives i denne boka. Tabellen angir også i hvilken DMAIC-fase verktøyene vanligvis brukes, og i hvilket kapittel verktøyet er beskrevet.

Verktøy	D	M	A	I	C	Kapittel
5S – Arbeidsplassorganisering				•	•	8.2
Avstemming ved hjelp av votering (multivoting)	•	•	•	•	•	4.2.4.3
Brainwriting	•	•	•	•	•	4.2.4.1
Bruk av videokamera		•	•		•	5.4
Business case (prosjektets økonomiske perspektiv)	•			•	•	4.2.5
Datainnsamlingsplan		•				5.5
Fiskebeinsdiagram		•	•			5.1
Flytskjemaer (aktivitetsflyt, funksjonsflyt)	•	•	•		•	5.3
Fremdriftsplan, Gantt-diagram	•	•	•	•	•	4.2.7
Histogram		•	•		•	5.6.1
Kommunikasjonsplan	•	•	•	•	•	4.1
Kontrolldiagram		•	•		•	5.6.4
Kravtre (CTQ-tre)	•				•	4.2.4
Kriteriematrise					•	6.3
Paretodiagram		•	•		•	5.6.3
Prioriteringsverktøy	•	•	•	•	•	6.3, 6.4
Prosjektcharter (A3-mal)	•					9.1
Prosjektrapport/storyboard (A3-mal)	•	•	•	•	•	9.2
Prosjektrapport/storyboard (omfattende lysbildemal)	•	•	•	•	•	9.3
Raske omstillinger					•	8.3
Risikovurdering ved hjelp av FMEA			•		•	6.5
Risikovurdering ved hjelp av ROS-matrise			•		•	6.6
Scatter-diagram		•	•		•	5.6.2
SIPOC	•					4.2.3
Spagettidiagram		•	•			5.3.6
Verdistrømkart	•	•	•	•		8.1

Notater

2 Introduksjon til Lean og Lean Six Sigma

Topplederens perspektiv på Lean og Lean Six Sigma er at de sammen definerer et "kjøretøy" for intern forretningsutvikling. Et kjøretøy med viktige strukturer for utvikling og implementering av strategi, gjennomføring av prosjekter og effektiv produksjon i alle virksomhetens enheter.

Fagpersonens perspektiv er at det handler om verktøy, metoder, organisasjon og ansvar for å fjerne små og store bidrag til den totale sløsingen i virksomheten.

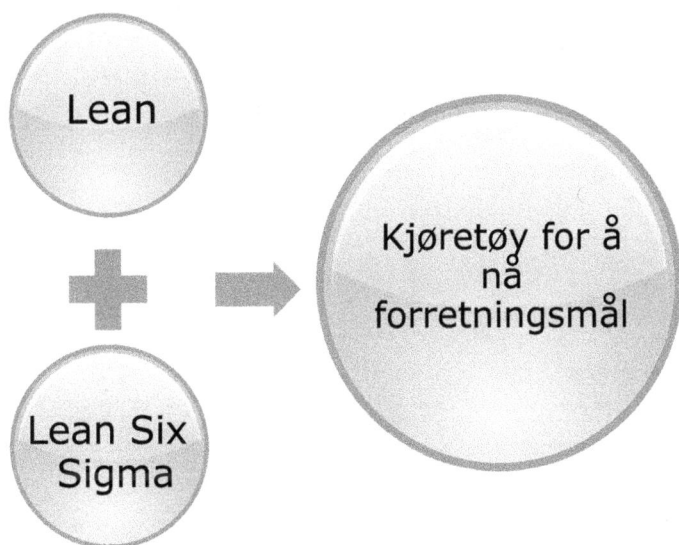

Figur 1. Lean og Lean Six Sigma - et kjøretøy for å nå forretningsmål

Lean er et ledelsesinitiativ basert på Toyotas produksjonssystem (Toyota Production System). Sentralt i Lean er standardisering, selvstyring, visualisering, mekanismer for flyt i prosesser, involvering og utvikling av medarbeiderne, lederens rolle som mentor samt kontinuerlige forbedringer. Lean-verktøy og strukturer skal hjelpe til med å identifisere og deretter fjerne ulike typer sløsing (waste). Eksempler på sløsing er enheter med feil, overproduksjon, unødvendig transport/forflytning, unødvendig bevegelse, venting, lager (inklusive mellomlager inne i prosessen) og unødvendig arbeid.

Selv om Lean opprinnelig er utviklet for produksjonsvirksomheter, har initiativet de siste årene fått stor utbredelse også i private og offentlige tjenesteytende virksomheter.

Lean Six Sigma er på samme måte som Lean et ledelsesinitiativ. Selve begrepet Six Sigma betyr "Seks ganger standard avvik" og kan betraktes som et mål for ytelse. Opprinnelsen til navnet er Motorolas program for kvalitetsforbedring som ble lansert i midten av 1980-årene. "Kjøretøyet" for å oppnå viktige forbedringer er koordinerte forbedringspro-sjekter med tett oppfølging og støtte. Alle prosjektene følger den samme konkrete, faktabaserte metoden DMAIC. Et viktig poeng i metoden er at den krever at potensielle økonomiske gevinster skal vurderes når prosjektet defineres. Six Sigma inkluderer også metoder og verktøy for design av produkter og prosesser. For å støtte virksomheten i Six Sigma-arbeidet defineres det formelle roller, ansvar og krav til kunnskap. Evolusjonen av Six Sigma har ført til at DMAIC er utvidet med flere viktige Lean-verktøy. Resultatet kalles for Lean Six Sigma og er temaet for denne boka.

Mer historisk bakgrunnsinformasjon finnes i (Kubiak & Benbow, 2008).

Notater

Notater

3 Overordnet om metoden DMAIC

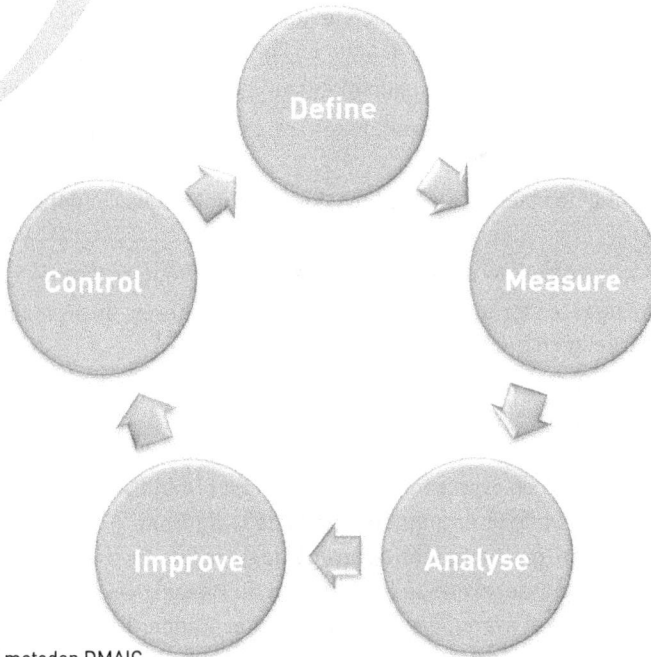

Figur 2. Fasene i metoden DMAIC

Sentralt i Lean Six Sigma (L6S) er forbedringsmetodikken DMAIC. Metoden har fem faser, som vist i figur 2. I denne boka er fasene Measure og Analyse slått sammen. Se kommentar om dette til slutt i kapittel 3.

Viktige fordeler med metoden DMAIC er:

- Den forteller ikke bare hva som skal gjøres, men også hvordan.
- Den krever en tydelig og selgende problembeskrivelse.
- Den krever en tydelig presisering/definisjon av mål og krav.
- Den er tydelig på roller og ansvar i prosjektet.
- Den krever en vurdering og beregning av gevinstene ved vellykket gjennomføring.
- Den krever involvering og dialog gjennom en aktiv kommunikasjonsplan.
- Den krever vurdering av alternative løsninger (for eksempel med hensyn til tid og kostnad) for å komme frem til de "best" balanserte løsningene. Dette er særlig viktig når det er mange/flere kravstillere med ulike krav og forventninger til prosjektet.
- Den krever at teamet gjennom alle prosjektets faser vurderer risikoen ved prosjektets fremdrift.

- Den krever at teamet gjennomfører en risikovurdering når det gjelder konsekvenser av nye, alternative løsninger.

- Den gir forutsigbarhet for prosjektets interessenter når det gjelder fremgangsmåte, kommunikasjon og tidspunkt for beslutninger. Interessenter og kravstillere vet for eksempel at alternative løsninger og konsekvenser av disse skal vurderes og besluttes formelt i improve-fasen. Denne kunnskapen kan benyttes til å påvirke både teamsammensetningen i de ulike fasene og kommunikasjonsplanens innhold.

- Den gir mulighet for en felles rapportmal (storyboard) for alle slike prosjekter.

- Den forenkler opplæring av prosjektdeltakere, prosjektledere, prosjekteiere og prosjektveiledere.

- Den gir mulighet for tidseffektiv, prosessfokusert, faktabasert oppfølging og veiledning.

- Den forenkler gjenbruk av prosjektresultater og spredning av kunnskap.

- Den øker muligheten for at løsningene som implementeres, er de riktige, og at prosjektet virkelig gjennomføres.

- Den påvirker kulturen til å bli mer faktabasert, kundeorientert og gevinstorientert (økonomisk gevinst).

Figur 3 og 4 illustrerer på en overordnet måte innholdet i DMAIC-metoden (såkalt veikart eller *roadmap*). Metodens faser er angitt nederst i de to figurene. Selv om det i praksis er overlapp mellom fasene, går metodens naturlige tidslinje fra venstre mot høyre. Innenfor hver fase skal prosjektteamet svare på flere spørsmål. Hovedspørsmålene er angitt øverst i veikartet. Når teamet skal svare på spørsmålene, skal standardiserte, visuelle verktøy benyttes. De viktigste er angitt som symboler under spørsmålene i veikartet. Eksempelvis bør fiskebeinsdiagrammet benyttes til å kartlegge og visualisere årsak/virkning i måle/analysefasen. For å gjøre veikartet mer komplett inkluderer figurene også andre viktige verktøy angitt i tekstbokser rett over feltene som markerer de ulike fasene. Eksempler i define-fasen er kommunikasjonsplan og fremdriftsplan.

Forbedringsprosjekter som gjennomføres etter DMAIC-metoden, skal være viktige prosjekter. Prosjektet skal derfor defineres i en mal for forbedringsprosjekter (prosjektcharter). Resultatene som prosjektet kommer frem til i de ulike fasene, skal tilsvarende dokumenteres i en mal for prosjektrapportering. Denne malen, ofte kalt "storyboard", bør ha samme struktur som veikartet og kan med fordel lages i lysbilde-format (se kapittel 9.3). Ved å skjule lysbildene vil det samme dokumentet kunne benyttes effektivt:

- som prosjektets arbeidsdokument som inkluderer teamets metodiske tilnærming med alle viktige verktøy som er benyttet, beslutningsunderlaget og beslutninger i alle faser

- som rapportdokument overfor styringsgruppe og prosjekteier

- for presentasjon av status og sluttresultat i dialogen med kunder, andre kravstillere og interessenter

- for gjenbruk av fremgangsmåte, verktøybruk, analyser og løsninger

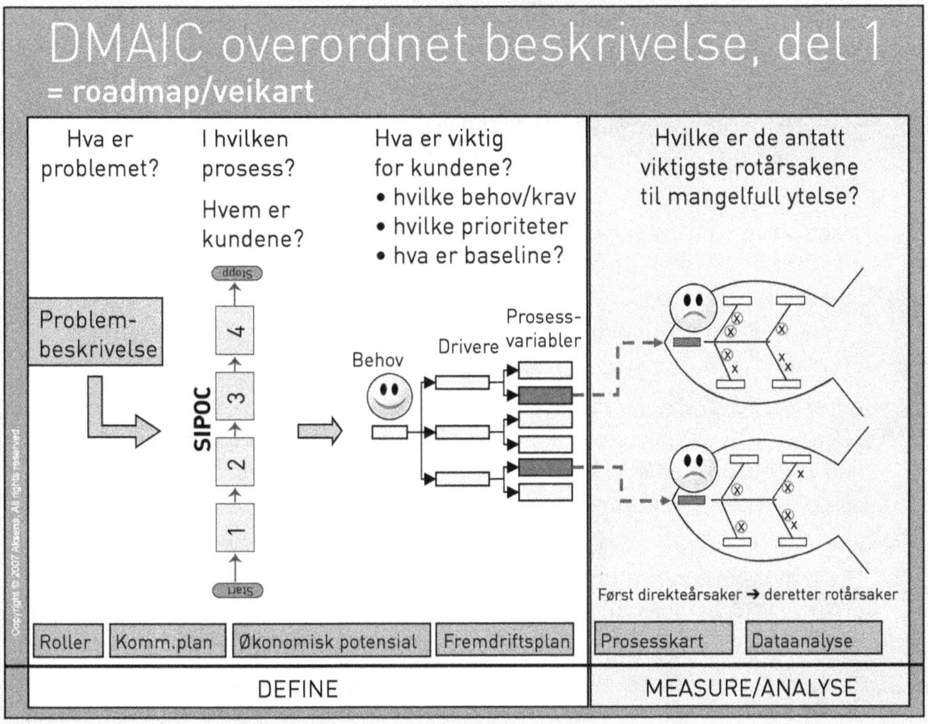
DMAIC overordnet beskrivelse, del 1
= roadmap/veikart
Hva er problemet?
I hvilken prosess?
Hvem er kundene?
Hva er viktig for kundene?
• hvilke behov/krav
• hvilke prioriteter
• hva er baseline?
Problem-beskrivelse
Stopp
4
3
2
1
Start
SIPOC
Behov
Drivere
Prosess-variabler
Hvilke er de antatt viktigste rotårsakene til mangelfull ytelse?
Først direkteårsaker → deretter rotårsaker
Roller
Komm.plan
Økonomisk potensial
Fremdriftsplan
Prosesskart
Dataanalyse
DEFINE
MEASURE/ANALYSE
Copyright © 2007 Aksena. All rights reserved.

Figur 3. DMAIC, veikart del 1

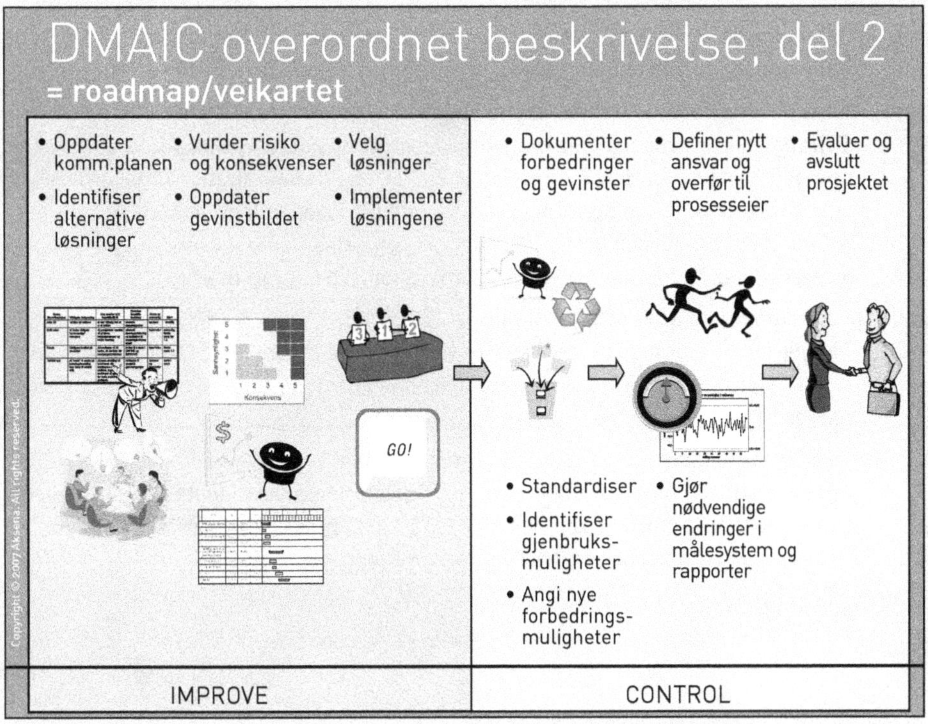
DMAIC overordnet beskrivelse, del 2
= roadmap/veikartet
• Oppdater komm.planen
• Identifiser alternative løsninger
• Vurder risiko og konsekvenser
• Oppdater gevinstbildet
• Velg løsninger
• Implementer løsningene
GO!
• Dokumenter forbedringer og gevinster
• Definer nytt ansvar og overfør til prosesseier
• Evaluer og avslutt prosjektet
• Standardiser
• Identifiser gjenbruks-muligheter
• Angi nye forbedrings-muligheter
• Gjør nødvendige endringer i målesystem og rapporter
IMPROVE
CONTROL
Copyright © 2007 Aksena. All rights reserved.

Figur 4. DMAIC, veikart del 2

DMAIC-metoden, visualisert i figur 3 og 4, består av følgende overordnede trinn:

1 Hva er problemet? (Define-fasen)
- Her skal teamet diskutere problemet sammen med prosjekteier. Beskrivelsen bør fortelle hvorfor det er viktig å få gjort noe med problemet nå. Innholdet skal være løsningsnøytralt og kan med fordel inkludere de minst gunstige konsekvensene av problemet.

2 I hvilken prosess (det vil si *hvor finnes viktige årsaker*)? (Define-fasen)
- Problemet som er beskrevet over, oppstår i en eller flere prosesser. En overordnet prosessbeskrivelse (SIPOC) benyttes til å angi hvor det antas at viktige årsaker til problemet ligger. Om viktige årsaker ligger i flere prosesser, bør prioritering vurderes.

3 Hvem er kundene? (Define-fasen)
- Den overordnede prosessbeskrivelsen (SIPOC) angir også prosessens kunder/ kravstillere og gir mulighet for å prioritere disse. Det er kundene som skal formulere kravene knyttet til problemet.

4 Hva er viktig for kundene? (Define-fasen)
- De prioriterte kundenes behov skal konkretiseres i form av variabler (ofte kalt CTQ-er, CTQ = Critical To Quality) med definerte, entydige krav. Kravtreet/CTQ-treet er et viktig verktøy for å strukturere og visualisere kundenes krav.
- Om det er mulig og hensiktsmessig ut fra tid og kostnader, bør prosjektet dokumentere dagens ytelse (baseline) for den eller de variablene som skal forbedres.

5 Andre leveranser i define-fasen
- Utover spørsmålene som er stilt over, skal prosjektteamet i denne fasen avklare roller, gjøre en interessentanalyse og lage en kommunikasjonsplan, vurdere/beregne gevinster ved vellykket gjennomføring og lage en fremdriftsplan.

6 Hvilke er de antatt viktigste rotårsakene? (Measure/Analyse-fasen)
- Den viktigste leveransen i måle/analyse-fasen er de antatt viktigste rotårsakene (til mangelfull ytelse for de valgte variablene). Fiskebeinsdiagrammet kan benyttes for å visualisere årsak/virkning. Viktige verktøy i denne fasen er datainnsamlingsplanen, målesystemverifikasjon, prosesskartlegging og dataanalyse. Eksempler på dataanalyseverktøy er histogram, paretodiagram og kontrolldiagrammer.

7 Oppdater kommunikasjonsplanen (Improve-fasen)
- Forankring og eierskap til løsninger er viktig. Prosjektteamet må derfor starte denne fasen med en oppdatering av kommunikasjonsplanen og vurdere om teamet skal endres.

8 Hvilke alternative løsninger er aktuelle? (Improve-fasen)
- Prinsipielt skal teamet for hver av de prioriterte rotårsakene identifisere alternative løsninger. Ulike teknikker kan benyttes for å finne frem til alternative løsninger. Brainwriting er et vanlig verktøy i denne sammenheng.

9   Hva er risikobildet? (Improve-fasen)
     -   Prosjektteamet skal med utgangpunkt i de ulike løsningene vurdere risiko og
         konsekvenser. Risiko kan være knyttet til økonomi, HMS, kvalitet, fremdrift,
         renommé og annet. FMEA og ROS-matrise kan være aktuelle verktøy for
         risikovurderingene. Med utgangspunkt i risikobildet bør det vurderes å teste
         løsningene før endelig beslutning fattes.

10   Hva er de forventede forbedringene og det reviderte gevinstbildet? (Improve-fasen)
     -   Prosjektteamet kjenner nå løsningsalternativene og bør på dette grunnlag
         oppdatere forventede forbedringer og gevinstbildet.

11   Hva er den reviderte fremdriftsplanen? (Improve-fasen)
     -   Prosjektteamet skal med utgangspunkt i løsningsalternativene oppdatere
         fremdriftsplanen.

12   Hvilke løsninger anbefales og velges? (Improve-fasen)
     -   I samråd med prosjekteier og/eller styringsgruppe skal prosjektteamet velge løs-
         ninger og deretter implementere disse. Valg av løsninger gjøres med utgangs-
         punkt i ulike kriterier. Gevinstbildet, risikobildet og fremdriften vil normalt være
         viktige kriterier.

13   Hvilke forbedringer og gevinster ble oppnådd? (Control-fasen)
     -   Så langt det er mulig og hensiktsmessig, skal teamet gjennom data dokumentere
         oppnådde forbedringer og gevinster.

14   Hva må standardiseres? (Control-fasen)
     -   Prosjektteamet må gjøre det som er nødvendig for å standardisere løsningene.
         Dette kan for eksempel inkludere utarbeidelse av rutiner og instrukser, endrin-
         ger i prosessens opplæringsprogram, definere ansvar og hvordan løsningene
         skal følges opp i det daglige arbeidet.

15   Hvilke gjenbruksmuligheter finnes? (Control-fasen)
     -   Om det er prosjektresultater som kan gjenbrukes i virksomheten, så skal dette
         beskrives og videreformidles til prosjekteier og styringsgruppe.

16   Hvilke nye/videre forbedringer foreslås? (Control-fasen)
     -   Prosjektet har gjennomført avgrensninger og antakelig oppdaget nye problemer i
         løpet av prosjektperioden. Forslag til videre forbedringer skal beskrives og
         videreformidles til prosjekteier og styringsgruppen.

17   Hvilket nytt ansvar må defineres og overføres til prosesseier? (Control-fasen)
     -   For å sikre varighet må ansvaret for nye løsninger defineres og overføres til
         prosesseier. Ansvaret bør også inkludere eierskap til nye og endrede målesyste-
         mer og rapporter.

18   Hva har vi lært? (Control-fasen)
     -   Prosjektteamet må evaluere prosjektets ledelsesprosesser før prosjektleder
         formelt ber om avslutning av prosjektet.

Tabell 1 oppsummerer viktige leveranser og verktøy i de ulike fasene.

Fase	Define	Measure/ Analyse	Improve	Control
Viktige leveranser	• Problembeskrivelse • Overordnet beskrivelse av prosessen hvor viktige årsaker finnes • Prioriterte kunder og kravstillere • Hvilke variabler (CTQ-er) som skal forbedres og kravene til disse • Ytelsen på CTQ-ene i dag (baseline) • Kommunikasjonsplan • Økonomiske gevinster og andre gevinster • Fremdriftsplan	• Prioriterte rotårsaker	• Oppdatert kommunikasjons-plan • Alternative løsninger • Kriterier for valg av løsninger • Risikovurdering for de ulike alternati-vene • Anbefalte løsninger • Oppdatert fremdriftsplan • Oppdatert vurdering av forventede forbedringer og gevinster • Resultater dersom løsninger er kjørt i pilot • Implementerte løsninger	• Oppnådde forbedringer • Oppnådde gevinster • Dokumenterte løsninger • Oppdaterte målesystemer og rapporter • Oppdaterte ansvarsbeskri-velser • Oppdaterte opplæringsplaner • Identifisering av prosjektresultater som kan gjenbru-kes • Forslag til videre forbedringer • Prosjektevaluering
Viktige verkøy	• Kommunikasjonsplan • SIPOC • Kravtre (CTQ-tre) • Gantt-diagram • Business case	• Fiskebeins-diagram • Prosesskart • Datainnsam-lingsplan • Målesystem-verifikasjon • Dataanalyse-verktøy	• Kommunikasjons-plan • FMEA, ROS • Kriteriematrise • Prioriterings-matrise	• Dataanalyseverktøy • Prosesskart • Ettpunktsleksjoner

Tabell 1. Viktige leveranser og verktøy i DMAIC

Til slutt et par kommentarer knyttet til DMAICs veikart:

1   Gjennomføringen av DMAIC er ofte basert på antakelser/hypoteser som bekreftes eller avkreftes underveis. Når prosjektteamet tar feil, kan det bety at teamet må gå et par skritt tilbake i metodens veikart. Det må med andre ord forventes at det er overlapp mellom de ulike fasene i DMAIC.

2   I denne boka er fasene "measure" og "analyse" slått sammen. Forfatterens erfaring er at det rent pedagogisk er lettere å formidle teorien når kartlegging av årsak/virkning, måling og analyse ses i sammenheng med ett kapittel.

3   All datainnsamling og alle kartlegginger som skal gjøres, bør utføres av, eller i tett dialog med de personene som jobber ute i prosessene. Gjennomfør mest mulig av informasjonsinnhentingen ved å gå ut i prosessene, se og spørre. Bruk gjerne følgende slagord for prosjektet: "Gå og se der det skjer" (= "Go to Gemba" som det heter i Lean-litteraturen).

4   Det finnes langt mer sammensatte og detaljerte fremstillinger av DMAICs veikart (Rath & Strong, 2003) enn den som er beskrevet i dette kapittelet. Utgangspunktet for denne boka er å gjøre metoden så enkel som mulig uten å tape generalitet.

Notater

4 Definere prosjektet – inklusive problemet (Define)

Prosjektteamet og prosjekteieren skal i denne fasen konkretisere prosjektet.

Viktige spørsmål som skal besvares, er:

* Hvem er prosjektets eier?
* Hvem er prosjektleder?
* Hvem inngår i prosjektteamet (i de ulike fasene)?
* Hvem er prosjektets veileder?
* Hvem er interessentene til prosjektet, og hvordan skal disse håndteres kommunikasjonsmessig?
* Hva er problemet (som skal fjernes eller reduseres)?
* Hva er prosjektets tittel?
* Hvor antas det at viktige årsaker finnes (det vil si i hvilken prosess)?
* Hvem er kunder og andre kravstillere (knyttet til problemet som skal løses)?
* Hvilke prosessvariabler må forbedres (for å redusere eller fjerne problemet)?
* Hva er dagens ytelse (baseline) for valgte prosessvariabler?
* Hva er de antatte gevinstene ved å gjennomføre prosjektet?
* Hvilke føringer gjelder for prosjektet?
* Hva er fremdriftsplanen (med milepæler, hovedaktiviteter og avtalt møteplan)
* Hvilke er de største risikofaktorene ved fremdrift og resultat?

Svarene på disse spørsmålene oppsummeres i prosjektcharteret. Prosjektcharteret er en mal som definerer/presiserer prosjektet. De viktigste leveransene i første fase av DMAIC er med andre ord knyttet til å definere prosjektet. En mal for prosjektcharteret er angitt i kapittel 9.1. De påfølgende underkapitlene vil ytterligere beskrive leveransene og fremgangsmåten i define-fasen. Noen L6S-prosjekter starter med utgangspunkt i et problem som er identifisert i et overordnet verdistrømkart (VSM). VSM er beskrevet separat i kapittel 8.1.

4.1 Prosjektroller, interessenter og kommunikasjonsplan

L6S-prosjekter skal være viktige prosjekter. For å sikre vellykket gjennomføring kreves det formalisme ikke bare når det gjelder metoder og verktøy, men også i henhold til roller og kommunikasjon med interessentene.

Prosjekteier

Prosjekteier er normalt den lederen som eier problemstillingen, og som dermed har den nødvendige motivasjonen til å følge opp og støtte prosjektet frem til suksess. Det er prosjekteieren og eventuelt styringsgruppen[4] som til slutt godkjenner prosjektets leveranser og avslutter prosjektet. Prosjekteier bør være valgt før L6S-prosjektet starter. Han/hun bør ha god kunnskap om verktøy og metoder i L6S. Mer om prosjekteiers rolle og ansvar finnes i (Rath & Strong, 2003).

Prosjekteieren skal angis i prosjektcharteret (kapittel 9.1).

Prosjektlederen

Prosjektleder er den personen som er ansvarlig for gjennomføringen av DMAIC-prosjektet. Det vil si fra problemdefineringen til formell godkjenning. En prosjektleder skal ha detaljert kunnskap om verktøy og metoder i L6S. En prosjektleder bør ha kunnskap på Green Belt- eller Black Belt-nivå[5]. Han/hun må forvente å bruke minst 20 % av sin tid på prosjektet. Mer om de formelle rollene i L6S er beskrevet i (Rath & Strong, 2003).

Prosjektleder skal angis i prosjektcharteret.

Prosjektteamet

I prosjektteamet inngår de personer som er nødvendige for å sikre at prosjektet blir vellykket. Nyttige tips ved valg av prosjektdeltakere er følgende:

- Prosjektdeltakelsen kan endres i de ulike fasene av prosjektet. Det betyr dermed at ikke alle må være med på alt hele tiden.
- Deltakerne må samlet sett ha inngående kunnskap om alle deler av den prosess som skal forbedres.
- Prosjektets muligheter for rask fremdrift og suksess er ofte avhengig av en god håndtering av mennesker underveis. Vurder derfor å ha med kunder, leverandører, fagforeningsrepresentanter og andre sentrale interessenter i prosjektteamet.
- Prosjektdeltakerne bør som minimum ha basiskunnskap om DMAIC-metoden og hovedverktøy. Opplæring kan gis som en del av prosjektgjennomføringen.

---

4   Denne boka diskuterer ikke styringsgruppens ansvar og arbeid.
5   Å oppnå Green Belt-kunnskap vil normalt innebære 8–10 dagers utdanning innen DMAIC og Lean-ledelse. Black Belt-kunnskap vil i tillegg kreve 1-2 ukers utdanning i blant annet dataanalyse, strategiimplementering og endringshåndtering.

- Det bør i de ulike fasene ikke være særlig flere enn seks deltakere i tillegg til prosjektleder i teamet.

Prosjektteamet skal angis i prosjektcharteret. En god måte å gjøre dette på er å bruke en tabell som vist i tabell 2. Legg merke til følgende:

- Av plasshensyn brukes initialer inne i tabellen.

- Fullt navn og funksjon/posisjon angis rett over tabellen. Dette skal sikre at prosjektleder og prosjekteier gjør tverrfaglige og helhetlige vurderinger ved valg av teammedlemmer.

- Normalt skal bare personer som forventes å måtte bruke en vesentlig andel av sin tid (> 10 %), angis som teammedlemmer. Personer som intervjues og/eller deltar i kartlegging/måling uten at det påvirker deres "produksjonstid", skal normalt ikke inngå i teamet. Det kan være kommunikasjonsmessige hensyn som gjør at dette prinsippet fravikes. Linjeledere som avgir ressurser til prosjektet, bør gi formell aksept for dette.

Eksempel på beskrivelse av prosjektdeltakerne som skal inn i prosjektcharteret, kan være:

Prosjektdeltakere:

Nina Dyrli (ND, logistikk), Tor Karlsen (TK, fagforening), Karl Sundstrøm (KS, kredittvurdering), Mary Flory (MF, salg), Finn Torsen (FT, skiftleder)

Define	Measure/Analyse	Improve	Control
ND, TK, KS	ND, FT, MF	ND, TK, MF,KS, FT	ND, MF

Tabell 2. Prosjektteamet

Prosjektveilederen (= Black Belt eller Lean-koordinator)

Alle Lean Six Sigma-prosjekter skal ha en veileder. Veilederen har en støttefunksjon når det gjelder verktøy og metoder, men også en pådriverfunksjon for fremdriften. På mange måter kan prosjektveilederen betraktes som kundenes og virksomhetens operative representant i prosjektene. En prosjektveileder skal ha kunnskap på Black Belt-nivå (Rath & Strong, 2003) og må regne med å bruke minst 10 % av sin arbeidstid per prosjekt som veiledes.

Prosjektveilederen skal angis i prosjektcharteret.

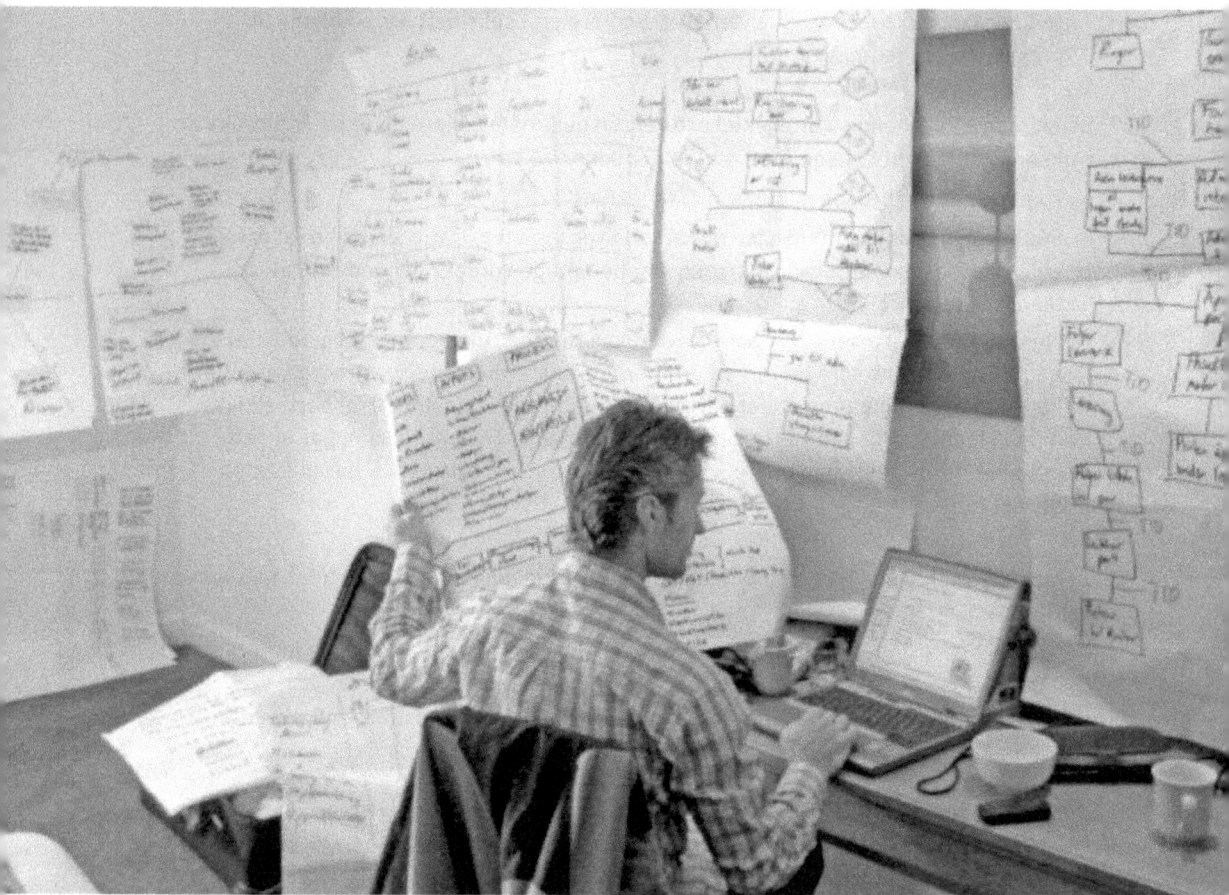

Figur 4. Illustrasjon av prosjektleder i arbeid

Interessenter og kommunikasjonsplan

Når prosjektteamet er valgt, skal teamet identifisere prosjektets interessenter og avklare hvordan kommunikasjonen med disse skal håndteres. Prosjektets interessenter er alle som kan påvirke prosjektets fremdrift, men som ikke inngår i teamet eller har en formell rolle angitt i charteret. Selve identifiseringen og prioriteringen av interessentene kan gjøres ved hjelp av brainwriting (kapittel 4.2.4.1) og votering (kapittel 4.2.4.3).

Det finnes verktøy i litteraturen for å gjøre en formell og dokumentert interessentanalyse. Flere av disse verktøyene inkluderer en tallmessig vurdering av personer/grupper når det gjelder innstilling til prosjektet. Slike verktøy må brukes med forsiktighet, eller kanskje helst unngås.

Kommunikasjonsplanen angir prioriterte interessenter, avtalte kommunikasjonsaktiviteter, ansvar og frister. I en første versjon beskriver teamet hva som tilsynelatende er interessentenes største anliggende eller bekymring ved prosjektet.

De som har ansvar for kommunikasjonsaktivitetene, går deretter i dialog med interessentene, avklarer bekymringer og avtaler videre kommunikasjon. Kommunikasjonsplanen skal oppdateres løpende i prosjektets storyboard. God kommunikasjon fører som regel til tidlige forbedringer. Se kommentar om dette i kapittel 4.2.4.5.

Figur 5 viser et eksempel på en kommunikasjonsplan:

Hvem	Viktigste bekymring	Hva ønsker teamet å formidle/ oppnå	Hvordan formidle budskap	Hvem er ansvarlig	Når?
Adm.dir.	Vil ikke nå målene	At prosjektet vil lykkes	Statusopp- datering	Prosjekteier	Ukentlig
Skiftleder	Vil bruke "uunnværlige" ressurser	At prosjektets resultat vil gi færre brann- slukkinger og en bedre hverdag	Uformell statusoppda- tering og invitasjon til prosjekt- gjennom- ganger	Prosjektleder	Månedlig, første gang før 1.2.
Kunde	Dårligere kvalitet på produktet	At kvaliteten blir bedre	Invitere til å delta i define og improve	Prosjektleder	Neste møte 1.2.
Salgssjef	At prosjektet blir forsinket slik at kundene blir misfornøyd	At prosjektet vil holde tidsfristen	Invitasjon til prosjekt- gjennom- ganger	Prosjekteier	Neste status- møte 15.2.

Figur 5. Eksempel på kommunikasjonsplan

4.2 Presisering av oppdraget

L6S-prosjekter skal være viktige prosjekter. For å sikre en god og mest mulig forutsigbar gjennomføring må prosjektets oppdrag presiseres. Av hensyn til motivasjon, engasjement og eierskap bør prosjektleder og teamet selv få ansvaret for å gjøre presiseringene. Arbeidet skal utføres i tett dialog med prosjekteier og med støtte fra prosjektveileder.

Presiseringen av prosjektets oppdrag innebærer å svare på følgende:

1   Hva er prosjektets tittel?

2   Hva er problemet (problembeskrivelsen)?

3   Hvor antar vi at viktige årsaker finnes?

4   Hvem er kunder og andre kravstillere?

5   Hvilke behov og krav har kundene og kravstillerne?

6   Hva er de antatte gevinstene ved å gjennomføre prosjektet?

7   Hvilke føringer gjelder for prosjektet?

8   Hva er fremdriftsplanen?

9   Hvilke risikofaktorer kan påvirke prosjektets fremdrift og resultat?

Svar på spørsmålene skal inn i prosjektcharteret. Underkapitlene 4.2.1 til 4.2.13 gir detaljer om hvordan spørsmålene skal besvares.

4.2.1 Prosjektets tittel

Prosjektets tittel skal fortrinnsvis ha færre enn ti ord. Tenk deg at tittelen er den eneste synlige setningen om prosjektet i en oversikt (for eksempel på intranettet) over alle prosjekter som gjennomføres i virksomheten. Tittelen skal fortelle hva prosjektet har til hensikt å oppnå. En prosjekttittel vil derfor vanligvis inneholde ett verb. Tittelen skal ikke si noe om løsninger. Det kan ofte være hensiktsmessig å formulere tittelen etter at problembeskrivelsen er laget. Eksempler på prosjekttitler er:

- Redusere leveransetiden på produkt X
- Øke salg av produkt X
- Bedre kundetilfredsheten med tjeneste Y
- Redusere antall kvalitetsavvik på inngående varer
- Redusere antall saksbehandlingsfeil i søknadsprosessen
- Redusere stopptiden på linje 1
- Redusere utviklingstiden for nye produkter

4.2.2 Hva er problemet? (problembeskrivelsen)

Sammen skal prosjektleder, team og prosjekteier bli enige om en beskrivelse av proble-
met. Omfanget av beskrivelsen bør ikke være særlig mer enn seks setninger. Følgende
tips gjelder for en god problembeskrivelse:

* Den inneholder ikke mulige årsaker.
* Den inneholder ikke mulige løsninger.
* Den kan med fordel fremheve mulige konsekvenser eller risikoer.
* Den kan med fordel vise til historiske tall og kjente hendelser/eksempler.
* Formuleringen bør ha forretningsperspektiv. Det vil si at den formuleres slik at
  ledelsen forstår viktigheten av å få løst dette problemet. Ofte kan det derfor være
  hensiktmessig å si noe om de økonomiske aspektene ved problemet (enten historisk
  eller fremtidig).
* Den bør tydeliggjøre om problemet primært er for høye kostnader (eierperspektivet)
  eller for dårlig ytelse i kundens øyne (prosesskundeperspektivet)[6].

Eksempler på problembeskrivelser:

* Virksomheten har i dag en mangelfull prosess for innkreving av fakturaer. Dette
  resulterer i dårlig forutsigbarhet for likviditetsstyringen, unødvendige rentekost-
  nader, tap på fordringer og kostnader knyttet til purringer.
* Virksomheten mottar i dag ikke arbeidstegninger med rett kvalitet til rett tid. Dette
  fører til mange kvalitetsavvik, feilproduksjon, forsinkelse i driften og stor frustrasjon
  blant medarbeidere. De økonomiske konsekvensene per år er minimum på X MNOK.
* Varelagernivået i virksomheten er altfor høyt og har vist en stigende tendens de siste
  seks månedene. Konsekvensen er dårlig likviditet og store, potensielt fremtidige
  avskrivninger. Varelageret er i dag på X MNOK, som er 25 % høyere enn for seks
  måneder siden.
* Vår behandlingstid (gjennomløpstid) for byggesøknader er for lang, og har for stor
  variasjon. Sist år brøt vi lovpålagt frist på tre uker for 37 % av søknadene. Vårt
  omdømme som servicebedrift står på spill, og det er stor frustrasjon blant våre med-
  arbeidere på grunn av negativ omtale i mediene og sinte kunder.
* Effektiviteten i våre testprosesser er i dag ikke god nok. Testingen er en flaskehals i
  produksjonen, og fører til for høy gjennomløpstid. Den mangelfulle ytelsen fører også
  til mye manuelt ekstraarbeid i testsammenheng og risiko for ikke å fange opp feil før
  produktene sendes til kunder.
* Kapabiliteten (dugligheten) til freseprosessen er i dag for lav. Konsekvensen er for
  mye vrak, kostbar allkontroll og forsinkelser i våre leveranseprosjekter. Tap av
  kunder er sannsynlig om vi ikke får gjort noe med dette.

---

6   Mer om eierperspektiv og prosesskundeperspektiv i kapittel 4.2.3

Vær forberedt på at det kan komme ønske om endringer eller presiseringer av problem-
beskrivelsen flere ganger i løpet av define-fasen (kanskje også senere i prosjektet, basert
på ny kunnskap).

En strukturert tilnærming til identifisering og valg av problemer kan ta utgangspunkt i
virksomhetens verdistrømmer. Verdistrømkartlegging er beskrevet i kapittel 8.1.

4.2.3 Hvor finnes viktige årsaker, og hvem er kunder og kravstillere?

Etter å ha definert problemet skal teamet angi hvor det antas at viktige årsaker til
problemet finnes. Med "hvor" menes i denne sammenhengen i "hvilken prosess[7]". SIPOC
(figur 6) er et overordnet prosesskart som skal benyttes for å beskrive prosessen[8]. SIPOC
står for Suppliers, Inputs, Process, Outputs og Customers. I define-fasen viser SIPOC
hvordan prosessen ser ut i dag. Figur 7 viser prosessen der en familiefar koker egg.

SIPOC[9]-visualiseringen:

- Tydeliggjør prosessens avgrensninger (start og stopp)
- Tydeliggjør prosessens leveranser (outputs). Problemet bør være knyttet til én eller
  flere av prosessens angitte leveranser.
- Gir mulighet for visuelt å angi eventuelle prioriterte prosessleveranser.
- Tydeliggjør kunder og andre kravstillere knyttet til prosessens leveranser
  (se tilleggsforklaring senere i dette delkapittelet).
- Gir mulighet for visuelt å prioritere kunder og andre kravstillere.
- Angir i hvilke hovedprosesstrinn teamet antar at det finnes viktige årsaker til
  problemet.
- Gir gjennom valg av start og stopp mulighet til å avgrense prosjektets omfang ved å
  se på deler av en større prosess med mange trinn.
- Angir hvilke inputs til prosessen som er relevante i henhold til problemet.
- Gir mulighet til visuelt å prioritere inputs til prosessen.
- Angir hvem som er leverandører til prosessen.
- Gir mulighet til visuelt å prioritere leverandører til prosessen.

Visuelle prioriteringer i SIPOC bør gjøres ved bruk av farger, streker, bokser. Alle priorite-
ringer bør begrunnes i forbindelse med selve SIPOC-figuren i storyboardet.

---

7   Denne boka fokuserer på prosessproblemer. Dersom problemet er knyttet til et produkt eller system, vil "hvor" best besvares
    gjennom en trestruktur som beskriver produktet eller systemet.
8   Denne boka definerer en prosess som "et antall oppgaver/aktiviteter som utføres med en viss hensikt". Karakteristisk for en
    prosess er at den gjentas.
9   For noen prosjekter vil et verdistrømkart kunne være et alternativ til SIPOC.

Eksempler på prioriteringer:

- Prosjektet velger å fokusere på et kundesegment definert som virksomheter med omsetning over 50 MNOK i region Øst.

- Prosjektet finner ut at prosesseffektivisering er det viktigste, og bestemmer seg for at prosjektets viktigste kunde er prosesseier. Prosjektet skal dermed øke effektiviteten med minst mulig negativ påvirkning på prosesskundene[10].

- Prosjektet velger å fokusere på et utvalg av prosessens leveranser – eksempelvis de produkter som står for 80 % av problemet.

- Prosjektet velger å fokusere på trinn 2 og 5 av den helhetlige prosessen fordi erfaringer og tall viser at de viktigste årsakene finnes her.

- Prosjektet velger å fokusere på et lite utvalg av prosessens inputs fordi disse er representative for øvrige inputs, og lette å måle.

- Prosjektet velger å fokusere på én spesifikk leverandør (Supplier), fordi denne leverandøren står for hovedleveransene til prosessen.

---

10 Om én type kunder prioriteres, vil konsekvenser for andre kunder og kravstillere vurderes i improve-fasen før tiltak implementeres.

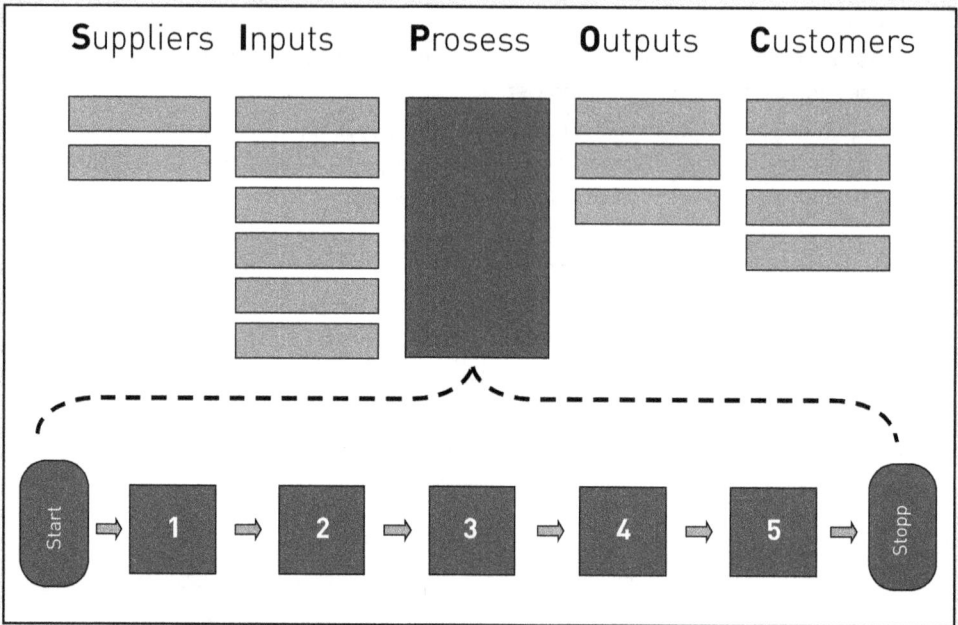

Figur 6. Overordnet prosesskart – SIPOC-mal

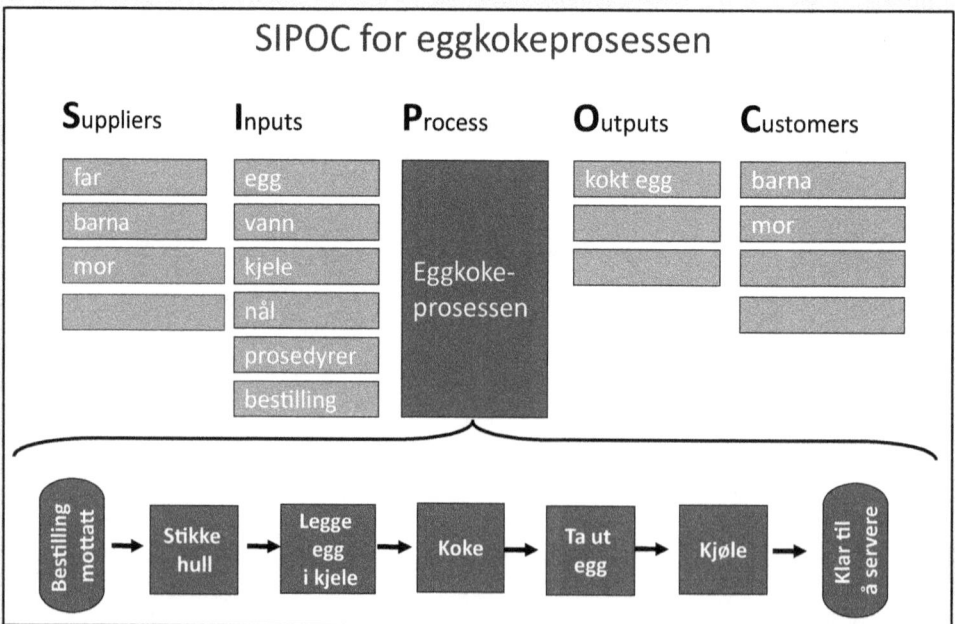

Figur 7. Eksempel på SIPOC for prosessen der en familiefar koker egg. Far er ansvarlig for prosessen.

Fremgangsmåte for å lage en SIPOC (se mer utfyllende kommentarer neste side):

1   Start med å definere prosessens start og stopp. Start og stopp er tidspunkter – ikke aktiviteter.

2   Angi de viktigste prosesstrinnene (ikke mer enn åtte).

3   Angi prosessens leveranser (outputs). Problembeskrivelsen skal være knyttet til én eller flere av leveransene.

4   Angi prosessens kunder. Hver leveranse skal ha minst én kunde/kundekategori.

5   Angi relevante og viktige inputs til prosessen.

6   Angi leverandørene (suppliers) til prosessen. Hver input skal ha minst én leverandør.

Når SIPOC-en lages, kan leverandørene angis i en rekkefølge uavhengig av rekkefølgen på prosessens inputs. Det behøver altså ikke være slik at leverandøren angitt på linje 1 leverer inputs på linje 1. Det samme prinsippet gjelder også for outputs og kunder.

Når SIPOC-en er beskrevet, er prosessens avgrensninger og hovedtrinn kartlagt. Prosjektteamet bør derfor igjen vurdere om deltakerne har nødvendig kunnskap om prosessen og bør gjøre eventuelle korrigeringer i deltakelsen.

Dersom viktige årsaker til problemet finnes i flere prosesser (det vil si flere enn én SIPOC), bør det vurderes om prosjektet kan avgrenses til én av prosessene. Om teamet i samarbeid med prosjekteier likevel finner ut at flere prosesser skal forbedres, anbefales det å dele opp prosjektet i ett delprosjekt for hver prosess. Hvert delprosjekt får da samme overordnede problemstilling, men fokuserte delproblemstillinger. De enkelte delprosjektene oppretter da egne storyboards.

Tilleggsforklaring til de ulike elementene i SIPOC:

- Customers/kunder: Kundene er alle som har krav, ønsker og forventninger til prosessens leveranser og dermed også til problemet som skal løses. Kunder kan i denne sammenheng også være interessenter. Krav/ønsker/forventninger kan for eksempel være knyttet til kvalitet, tid, HMS, funksjonalitet, priser, kostnader, serviceinnstilling, design m.m. En kunde kan være intern eller ekstern. Kunder kan være ett eller flere markedssegmenter, en etterfølgende prosess eller et system. Andre kunder er: den som eier prosessen, myndigheter, fagforeninger m.m. Kun relevante kunder i henhold til problemet skal angis.

- Customers/kunder: For visse prosjekter kan det være hensiktsmessig å angi hvem som er prosjektets prioriterte kunder også i prosjektcharteret.

- Outputs/leveranser: Hver output/leveranse skal ha minst én kunde.

- Outputs/leveranser: Problemet som skal løses, skal være knyttet til én eller flere av prosessens leveranser. Det vil for eksempel si at om problemet er kvalitetsavvik, så må det være tydelig i SIPOC hvilke typer leveranser som i dag har kvalitetsavvik. Typiske outputs vil være substantiver, og ikke adjektiver, som beskriver egenskapen til denne leveransen. Eksempelvis bør det ikke stå "feilfrie søknader" som en leveranse fra prosessen. Det som kommer ut av prosessen i dette tilfellet, er "søknader".

- Process/prosessen: Prosessen defineres med start og stopp samt opptil åtte hovedtrinn imellom. Start og stopp skal være tidspunkter – ikke aktiviteter. Om det er flere enn åtte trinn, bør det vurderes om det er mulig å slå sammen trinn eller avgrense prosessen. Husk at SIPOC-en ikke er en prosessbeskrivelse (som skal inn i et system) der det kreves at "alt" knyttet til prosessen, skal angis. Merk at det behøver ikke være slik at alle trinn i en SIPOC gjennomføres hver gang. Det behøver heller ikke å være slik at alle trinn gjøres i samme rekkefølge hver gang. På dette tidspunkt i prosjektet er vi bare ute etter hvordan den i hovedsak (overordnet) gjennomføres i dag. Eksempel: En bensinstasjonseier ønsker å redusere gjennom-løpstiden for kundene. Han tegner en SIPOC som blant annet inneholder "fylle drivstoff", "handle", "gå på toalettet". Dette vil være den typiske rekkefølgen, men ikke alle vil gjennomføre alle disse trinnene, og noen kunder vil også velge en annen rekkefølge.

- Process/prosessen: Det er vanlig å legge inn "prosess start" og "prosess slutt" i prosjektcharteret.

- Input: Hver input skal ha minst én leverandør.

- Inputs: Systemer, infrastruktur, maskiner (fastmontert) og annet som finnes inne i prosessen hele tiden, vil normalt ikke angis som inputs til prosessen.

- Inputs/Outputs: Mulige inputs/outputs er for eksempel: fysiske produkter, tjenester, informasjon, kompetanse, beslutninger, ressurser, rutiner, prosedyrer, metoder, rammevilkår, lovverk, HMS-krav, hygienekrav, brannforskrifter m.m.

Fokusering gjennom prioritering av kundene:

For å fokusere L6S-prosjektet kan teamet vurdere å prioritere prosessens kunder. En viktig avklaring vil ofte være om prosesseier er prioritert kunde. Han/hun er ofte særlig opptatt av kostnader og effektivitet. Om prosjektet skal velge kunder/kundekategorier som tar imot og bruker prosessleveransene, vil kriterier for prioritering kunne være:

- omsetning og omsetningspotensial
- lønnsomhet
- geografisk beliggenhet
- bransje
- alder, kjønn, utdannelse, inntekt
- kundens kompetanse om prosjektets problemstilling
- produkttype

I noen tilfeller vil prosjektteamet kunne prioritere en kunde/kundekategori som har representative eller strengere krav enn de øvrige. Løsningene som utvikles, vil da kunne gjelde for flere/alle kunder.

Om prosjektet prioriterer prosessens kunder, bør det vurderes om de ikke-prioriterte kundene skal inkluderes i kommunikasjonsplanen. Hensynet til ikke-prioriterte kunder skal ivaretas i improve-fasen. I denne fasen skal prosjektteamet nemlig vurdere de helhetlige kravene til, og konsekvensene av, ulike løsninger før disse implementeres. Om løsningene vurderes som uakseptable for noen sentrale interessenter, må mer balanserte alternativer finnes. Eksempelvis vil den som er ansvarlig for økonomien i prosessen, ha synspunkter på løsninger som fører til økte kostnader i prosessen.

4.2.4 Hvilke krav har kundene?

På dette tidspunktet er prosessen og prosessens kunder kartlagt. Prosjektteamet må nå identifisere hvilke prosessvariabler som må forbedres for å fjerne eller redusere problemet (slik det er beskrevet i problembeskrivelsen). En prosessvariabel karakteriserer prosessens ytelse sett utenfra. Eksempler på prosessvariabler er gjennomløpstid, ledetid, stopptid, leveransepresisjon, defektandel, kapabilitetsindikatorer, fravær, timeforbruk per enhet, antall per tidsenhet.

For å sikre at de riktige variablene identifiseres, bør teamet gå til kundene og gjennom dialog og observasjon forstå deres behov. Basert på behovet kan teamet konkretisere hvilke målbare prosessvariabler som påvirker/driver kundens tilfredshet. Resultatet bør visualiseres som en trestruktur. Kundens krav til de enkelte variablene skal også kartlegges og angis i trestrukturen. Når dette er gjort, visualiserer trestrukturen "hva som skal til for at kunden er fornøyd". Vi kaller derfor den endelige trestrukturen for kundens kravtre (eks.: figur 8).

Det bør lages et kravtre per kunde/kundekategori. Om antall prosessvariabler er mange, bør prosjektteamet be kunden prioritere hvilken eller hvilke variabler som er viktigst å få gjort noe med først. Resultatet av prioriteringen bør visualiseres i kravtreet. De prioriterte variablene skal også angis i prosjektcharteret, gjerne i form av en tabell med følgende format:

Variabel	Status i dag (baseline)	Prosjektets mål	Ideelt
Behandlingstid	Gjennomsnittlig 10 minutter	Mindre enn 2 minutter	1 minutt
Andel løste kundeproblemer	73 % av alle inngående løses ved første henvendelse	→ 90 % ved første henvendelse	100 %

Tabell 3. Prosessvariabler som skal forbedres

Prosessvariablene bør defineres og normeres på en slik måte at de har gyldighet over tid.

I noen forbedringsprosjekter er de prioriterte prosessvariablene definert allerede når prosjektet mobiliseres. I slike tilfeller kan tabell 3 fylles ut, og prosjektet kan gå videre til neste trinn i DMAIC uten å tegne opp kundens kravtre. I litteraturen kalles kravtreet også for et CTQ-tre og variablene for CTQ-er. CTQ står for "Critical To Quality". Prinsipielt skal hver kunde/kundekategori ha sitt eget kravtre.

En viktig føring for de variablene som angis i tabellen, er at de i regelen ikke skal beskrive prosjektets økonomiske gevinster. Prosjektets økonomiske konsekvenser behandles separat og skal også angis i prosjektcharteret (mer om dette i kapittel 4.2.5).

Eksempel som illustrerer når det er behov for å kartlegge kravene:
Når problembeskrivelsen forteller om "manglende omsetning fordi kundene er misfor-nøyd", er det uklart hva som må forbedres for å redusere eller fjerne problemet. Teamet må i dette tilfellet aktivt kartlegge hvilke relevante variabler som gjør kundene fornøyd, kravene til disse variablene og hvilke prioriteter kundene eventuelt har.

Figur 8 viser et eksempel på et kravtre. Utgangspunktet for dette kravtreet var at stor-kundene var misfornøyd med virksomhetens kundeserviceprosess. Kravtreet visualiserer "når kundene er fornøyd". Treet bryter ned det overordnede behovet for "god kunde-service" til målbare prosessvariabler. Figuren viser at kundene har prioritert variablene "behandlingstid" og "løser kundens problem". Kravene til variablene er henholdsvis "mindre enn to minutter" og "mer enn 90 % av alle henvendelser".

En rettesnor for å sette gode prosesskrav/mål er SMART-regelen:
Målet skal være:

*   Spesifikt, presist og objektivt
*   Målbart
*   Ambisiøst
*   Realistisk
*   Tidsbegrenset

Kategori | **Variabel** | **Krav**

Storkunden er tilfreds når

- KB har god kunnskap
  - Behandlingstid — < 2 min.
  - Andel løste problemer — > 90 % av henvendelsene
- KB er kundeorientert
  - Vennlig mottakelse — Hyggelig velkomsthilsen
  - God dialog
    - KB avbryter ikke kunde
    - KB argumenterer ikke med kunde
- Tjenesten har god tilgjengelighet
  - Åpningstid — Åpningstid alle ukedager 08.00 - 22.00
  - Responstid — Kontakt med KB innen 2 min.

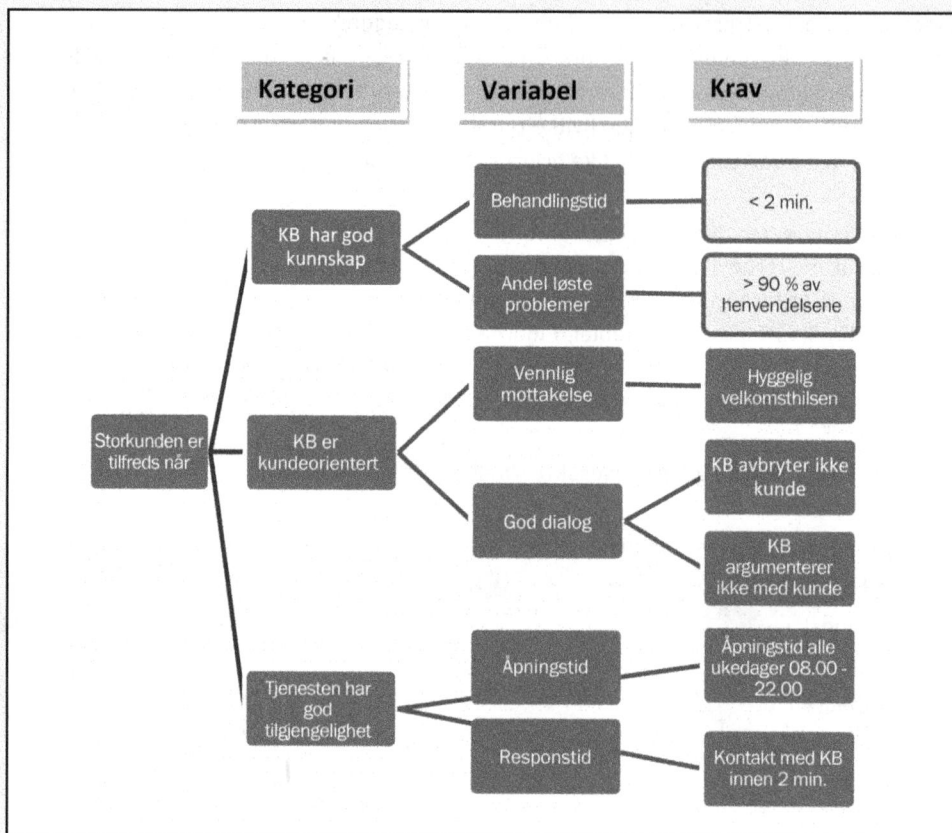

Figur 8. Kravtre (CTQ-tre), KB = kundebehandler

Fremgangsmåte for å utvikle et kravtre:

1   Teamet diskuterer og lager eget forslag til kravtre for kundene som er prioritert i SIPOC. Brainwriting (kapittel 4.2.4.19) kan være et nyttig verktøy for å identifisere variablene. Hensikten er å komme frem til gode spørsmål og planlegge gjennomføringen av kundedialogen. Det endelige kravtreet skal ikke benyttes i kundedialogen.

2   Om det er mulig, bør teamet (minst to personer) besøke kunden i det operative miljøet for å observere, intervjue og dermed forstå kundebehovet. Se etter muligheter til å gjøre det enklere/bedre for kunden å benytte prosessens leveranser. Se etter muligheter til å levere mer. Se etter muligheter til å gjøre prosessens leveranser mer effektive (raskere, billigere) uten at det påvirker kundenes tilfredshet negativt. Om kundene er brukere av en tjenesteprosess, bør teamet på tilsvarende måte "gå prosessen" som om de var kunde.

3   Lag et kravtre i dialog med kunden, eller med representanter for kunden. Kundedia-
    logen kan gjennomføres som et forberedt intervju (kapittel 4.2.4.2) eller ved bruk av
    brainwriting (kapittel 4.2.4.1)[11].

4   Etter møtet med kunden bør kravtreet struktureres og renskrives. Resultatet bør til
    slutt gjennomgås sammen med og godkjennes av kunden. Dersom det er relevant,
    bør det endelige kravtreet diskuteres med prosjekteier og potensielt sentrale
    interessenter som er angitt i kommunikasjonsplanen.

Om kravtreet har mange variabler, kan det være nødvendig å be kundene om å prioritere
de identifiserte variablene. Prioriteringsverktøy er beskrevet i kapittel 4.2.4.3, 6.3 og 6.4.

4.2.4.1 Gjennomføring av brainwriting

Brainwriting er et hyppig brukt verktøy i møter. Fordelen med denne teknikken er at alle
som deltar, får tid til å tenke seg om og utarbeide egne forslag uten å forstyrres eller
påvirkes.
Alle blir hørt uavhengig av posisjon, erfaring, kjønn, alder, språkkunnskaper m.m.

Før brainwritingen bør deltakerne informeres om hensikten og motiveres til å stille
forberedt til møtet. Trinnene i gjennomføringen vil normalt være:

1   Gå gjennom hensikten med møtet og brainwritingen. Forklar fremgangsmåten.

2   Deltakerne formulerer sine forslag/ideer med tydelig skrift på "gule" lapper. Én idé
    per lapp. I denne fasen skal alle være stille.

3   Når alle har skrevet sine forslag/ideer, samles disse inn.

4   Møteleder går gjennom hver gul lapp, leser den høyt, forsikrer seg om at alle forstår
    innholdet og plasserer den på tavla. I dette arbeidet fjernes dubletter, og lappene
    organiseres i kategorier. Om det er behov for endringer i teksten (for eksempel
    presiseringer og skriftstørrelse), gjør møteleder dette som en del av gjennomgangen.
    Merk: Et alternativ til møtelederens koordinerende rolle slik det er beskrevet her, er
    å la deltakerne selv gå frem til tavla og gjøre renskriving og kategorisering. Hvilket
    alternativ som bør velges, avhenger blant annet av deltakernes motivasjon,
    forståelse av hensikten med kartleggingen og forståelse for arbeidsformen.

5   Møteleder inviterer til felles diskusjon om resultatet. Hensikten er å rydde opp i
    uklarheter, finne mangler, identifisere bedre alternativer og komplettere forslag.

6   Til slutt struktureres resultatet, og eventuell prioritering kan gjøres.

---

11 Bruk av markedsanalyseverktøy for å kartlegge kundekrav inngår ikke i denne boka.

4.2.4.2 Kartlegging av kundekrav gjennom intervju

Et alternativ til brainwriting for å kartlegge kundekravene er å gjennomføre ett eller flere intervjuer. Da lager i så fall prosjektteamet strukturen i kravtreet og forbereder et sett med spørsmål til kunden. Det er viktig at spørsmålene er åpne, ikke ledende, og stimulerer til diskusjon og helhetlige svar. Kunden behøver ikke å involveres i detaljer i trestrukturen. Fordelen ved denne fremgangsmåten er at den kan være enklere og raskere å gjennomføre enn brainwriting. Ulempen kan være at kunden inntar en noe passiv holdning som intervjuobjekt og glemmer viktige behov og krav. Det er også en fare for at enkeltpersoner får dominere kommunikasjonen slik at helhetlige krav ikke kommer frem, og feil prioriteringer gjøres.

4.2.4.3 Prioritering ved hjelp av votering (multivoting)

Votering er en fremgangsmåte som kan benyttes når flere personer skal prioritere eller rangere ulike alternativer. Den trinnvise tilnærmingen er som følger:

1   Møteleder skriver opp/visualiserer alternativene på en tavle.

2   Hver person får tildelt 100 poeng for sin samlede stemmegivning:
    - poengene skal fordeles på de ulike alternativene.
    - den enkelte får gi maksimum 50 poeng og minimum 5 poeng per alternativ[12].

3   Hver deltaker skriver en gul lapp med sin poengtildeling for hvert av alternativene som han/hun ønsker å gi poeng. Poenggivingen skal gjøres stille, det vil si uten diskusjoner.

4   Når alle er klare til å avgi stemmer, plasseres de gule lappene (med alternativene) på tavla.

5   Møteleder summerer poengene og rangerer alternativene.

6   Deltakerne diskuterer resultatet og gjør eventuelle begrunnede endringer.

---

12 Dette for å sikre tydelig prioritering og samtidig hindre at enkeltpersoner trumfer gjennom sine favoritter.

4.2.4.4 Leveranser i prosjekt, prosess og virksomhetsperspektivene

L6S-prosjekter er viktige prosjekter. Prosjektteam, prosjekteier og prosjektveileder bør derfor allerede i starten av prosjektet vurdere de helhetlige, overordnede kravene til prosjektets leveranser[13]. For mange prosjekter vil en gruppering av leveransene i de tre dimensjonene "prosjekt", "prosess" og "virksomhet" være aktuelt. Beskrivelse av og innhold i de tre dimensjonene er:

1 Prosjektdimensjonen (oppnådde resultater i prosjektperioden)
   a Dokumentasjon av oppnådde prosessforbedringer (CTQ-er).
   b Dokumentasjon av oppnådde gevinster (økonomiske og andre).

2 Prosessdimensjonen (det prosesseier trenger for å sikre varighet)
   a Definering og plassering av nytt ansvar (til linjeledelse og prosessledelse).
   b Etablering/oppdatering av målesystem for oppfølging, kontroll og rapporter.
   c Beskrivelse av prosessen og nødvendig standardisering for å sikre stabil ytelse.
   d Endringer i opplæringsprogrammer og gjennomføring av opplæring.

3 Virksomhetsdimensjonen (det virksomheten trenger i forbedringsarbeidet videre)
   a Identifisering av potensiell gjenbruk av prosjektresultater. Gjenbruk er ønskelig i andre prosjekter, i andre prosesser, i andre forretningsenheter, i andre produkter og tjenester.
   b Forslag til videre forbedringer.
   c Evaluering av prosjektet med vekt på deltakelse, organisering, metoder, verktøy, gjennomføring, fremdrift, oppfølging og støtte.

Figur 9 illustrerer de tre kategoriene og viser at det kan være overlapp. Det vil si at en gitt leveranse kan plasseres i flere enn én kategori.

En gjennomgang av de helhetlige kravene i starten av prosjektet kan få konsekvenser for valg av prosjektdeltakere, kommunikasjonsplanen og fremdriftsplanen.

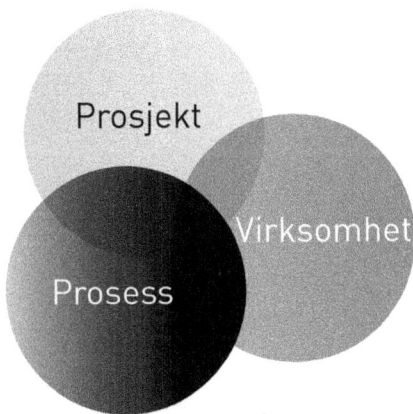

Figur 9. Prosjektets leveranser i tre dimensjoner

---

13 I programvareutvikling benyttes ofte begrepet "definition of done" (DoD) for å beskrive denne helheten.

4.2.4.5 Merknader

DMAIC-prosjekter uten data

I noen L6S-prosjekter er det umulig eller lite hensiktsmessig å måle (baseline) ytelse på variablene som skal forbedres. Årsaker til dette kan være knyttet til risiko for dårlig datakvalitet, for lite tid tilgjengelig, omfang og kostnader ved målingene. I mange tilfeller er det heller ikke mulig eller hensiktsmessig å måle årsak/virkning. DMAIC-metoden vil likevel kunne benyttes. Faktabasert analyse og beslutninger kan da erstattes med votering og/eller prosesskartlegging. Prosjektveileder og sponsor bør godkjenne prosjektteamets forslag om å ikke måle baseline-ytelse og årsak/virkning-sammenhenger.

Bruk av markedsundersøkelsesverktøy til å kartlegge behov og krav

Når prosjektet skal kartlegge kundekrav gjennom en markedsundersøkelse, er det viktig at prosjektet sørger for tilgang til kompetanse om gjennomføring og analyse.

Det er ikke feil å vente med å definere krav/mål til measure/analyse-fasen

For noen prosjekter er det i define-fasen uklart hva kravene/målene skal være for de prioriterte CTQ-ene. Én årsak kan være at en ikke vet hva ytelsen (baseline) er. En annen årsak kan være at potensialet for forbedring er ukjent. I stedet for å risikere for ambisiøse eller for moderate mål, kan prosjekteier velge å la prosjektet fortsette inn i measure/analyse-fasen uten tallfestede mål. Etter hvert som teamet gjør målinger og jobber med å forstå årsak/virkning, vil kunnskapen om forbedringspotensialet vokse frem. Når denne innsikten foreligger, vil forbedringsmålene kunne defineres. I disse tilfellene kan det være hensiktsmessig for teamets motivasjon og engasjement at prosjekteier lar teamet foreslå målene. Om foreslåtte mål mot formodning skulle være for moderate, kan prosjekteier beslutte høyere mål.

Bruk av kravtreet i designprosjekter

I prosessdesignprosjekter skal helhetlige prosesser utvikles. I slike prosjekter skal alle viktige kunders helhetlige krav og behov kartlegges. I slike prosjekter vil kravtreet være et obligatorisk verktøy. Mer informasjon om designmetoden "Design for Six Sigma" finnes i (Ginn & Warner, 2004).

Hvordan balansere kundekrav og kostnadskrav

L6S-prosjekter bør med utgangspunkt i problembeskrivelsen velge kundeperspektiv tidlig. Skalprosjektet gjennomføres på vegne av prosesskundene som ønsker/krever forbedringer i leveransene, eller skal prosjektet gjennomføres på vegne av prosesseier som ønsker å redusere kostnadene /effektivisere? I førstnevnte tilfelle kan prosesseier være bekymret for for at teamet vil foreslå dyre løsninger. I det andre tilfellet kan kundene være bekymret for redusert ytelse/kvalitet på prosessleveransene. L6S-prosjekter vil ivareta behovet for balanse mellom kravene.

Etter å ha valgt perspektiv kan prosjektet gjennomføre fasene define, measure, analyse og gå inn i improve-fasen. I improve-fasen skal teamet vurdere alternative løsninger og konsekvenser av disse. Vurderingene skal inkludere konsekvenser for ikke-prioriterte kunder. Dette innebærer altså følgende:

* Når prosjektet gjennomføres på vegne av prosesskundene og deres krav tilforbedret leveranse, skal konsekvenser vurderes i henhold til kostnader og lønnsomhet. Prosesseier kan i denne fasen være med og finne frem til balanserte løsningsalternativer.

* Når prosjektet gjennomføres på vegne av prosesseier/prosjekteier og hans krav til kostnadsreduksjoner, skal konsekvenser vurderes i henhold til kundeleveransene. Kunder og andre kravstillere skal i denne fasen holdes orientert om og eventuelt involveres i arbeidet med å finne frem til balanserte løsningsalternativer.

God kommunikasjon = tidlige forbedringer

Mange prosjekter har som mål å forbedre prosesser der ytelsen i stor grad er bestemt av menneskene som jobber der. For slike prosjekter vil god kommunikasjon og involvering være fundamentalt for å oppnå ønskede forbedringer. Om prosjektteamet gjør dette på en god måte, vil en allerede tidlig i prosjektet, lenge før prosjektteamet har kommet frem til løsninger, kunne oppleve vesentlige forbedringer. Grunnen er at medarbeiderne setter pris på involvering, liker arbeidsformen og vil derfor "hjelpe til" lenge før løsninger formelt implementeres.

4.2.5 Hva er de antatte gevinstene ved å gjennomføre prosjektet?

Et viktig perspektiv ved Lean Six Sigma-prosjekter er at prosjektets forventede gevinster skal angis. Gevinstbildet vil synliggjøre viktigheten av prosjektet. For de fleste prosjekter kan det være hensiktsmessig å skille mellom to typer gevinster:

1 Økonomiske gevinster som kommer som følge av prosessforbedringer.

2 Andre gevinster som ikke kan eller skal måles, men som er sannsynlige.

Begge typer gevinster skal angis i prosjektcharteret. Gevinstene skal vurderes ved oppstart, i forbindelse med løsningsforslagene i improve-fasen, og ved prosjektslutt i control-fasen. De neste avsnittene vil beskrive de to gevinsttypene.

Økonomiske gevinster (business case)

De økonomiske konsekvensene er en følge av forbedringer av prosessvariablene (CTQ-ene). Eksempler på økonomiske gevinster er økte inntekter, reduserte kostnader, redusert kapitalbinding, bedret kontantstrøm og utsatte investeringer. Beregning av prosjektets lønnsomhet bør alltid inkludere kostnadene ved å realisere de økonomiske gevinstene. Prosjektdeltakernes timeforbruk i prosjektet inngår i dette. Om beløpene blir store, og gevinstene skal vurderes over flere år, bør prosjektet avklare med prosjekteier og virksomhetens økonomifunksjon hvordan gevinstberegningene skal gjøres.

Når det er vanskelig for prosjektet å lage en detaljert oppstilling over inntekter og kostnader, bør det likevel gjøres et grovestimat av de viktigste postene. Dette vil for eksempel kunne være aktuelt i prosjekter som skal redusere risiko eller å øke fremtidige inntekter.

Tabell 4 viser hvordan en enkel regnearkoppstilling for prosjektets økonomiske perspektiv kan se ut. Om business caset er stort i omfang, kan det beskrives i et separat dokument. En oppsummering inkluderes da i prosjektcharteret og storyboardet.

Inntekter/besparelser	Beløp
Sum inntekter/besparelser	
Utgifter/kostnader/investeringer	
Sum utgifter/kostnader/investeringer	
Nettogevinst	

Tabell 4. Business case

Tips når økonomiske konsekvenser/gevinster skal vurderes:

● Vurder å angi minimum- og maksimumverdier for gevinster og kostnader

● Vurder å ta med gevinster og kostnader i ett-, to- og treårsperspektiv.

● Vurder å ta med gjenbruksgevinster. Dette er gevinster for virksomheten dersom prosjektets løsninger gjenbrukes. Gjenbruk kan forekomme i andre forretningsenheter, andre prosesser, andre produkter, andre prosjekter m.m.

Det kan være tilfeller der den økonomiske konsekvensen av prosjektet ikke kan eller bør vurderes. Dette kan for eksempel gjelde når prosjektets mål er å redusere HMS-risiko. I slike tilfeller bør andre, ikke-økonomiske gevinster vektlegges.

Andre gevinster

"Andre gevinster" er viktige gevinster som er sannsynlige, men som prosjektet ikke behøver å dokumentere. Disse gevinstene vil ytterligere styrke argumentasjonen for at prosjektet er viktig.

Eksempler på andre gevinster kan være:

● bedret ytelse i andre prosesser, eventuelt lenger frem i verdikjeden (angi hvilke prosesser og eventuelt hvilke variabler)

● bedret ytelse for andre variabler i samme prosess (angi hvilke)

● bedret medarbeidertilfredshet

● bedret kundetilfredshet

● mindre stress

● redusert risiko knyttet til HMS, økonomi, kvalitet, omdømme, fremdrift etc.

4.2.6 Hvilke føringer gjelder for prosjektet?

En føring er godkjente og/eller pålagte avgrensninger som gjelder for prosjektets innhold og leveranser. Eksempler på føringer kan være knyttet til:

- Hvilke kunder som skal prioriteres.
- Hvilke produkter som skal prioriteres.
- Hvilke avdelinger som omfattes.
- Hvilke variabler som ikke skal påvirkes negativt av prosjektets resultater.
- Hvilke løsninger som ikke er aktuelle å vurdere.
- Hvilke budsjettmessige restriksjoner som gjelder.

Tidlige avgrensninger for prosjektet skal angis under "prosjektføringer" i prosjektcharteret (kapittel 9.1).

4.2.7 Hva er den planlagte fremdriften?

L6S-prosjekter er ofte interne forbedringsprosjekter. Hvis det er viktig for virksomheten å lykkes med forbedringsarbeidet, er det også viktig å sørge for vellykket gjennomføring av L6S-prosjektene. Fremdriftsplanen er i denne sammenhengen et sentralt verktøy både for planlegging og oppfølging. Fremdriftsplanen vil sammen med oversikten over prosjektdeltakerne og ressursestimater danne grunnlaget for ressursallokeringen.

Fremdriftsplanen må minimum inkludere milepæler, hovedaktiviteter og ansvar. Milepælene er konkrete tidspunkter som forteller når noe er ferdig (og godkjent). Milepælene vil kunne samsvare med leveransene i de ulike fasene i DMAIC. Et eksempel på en milepæl kan være "når prosjektcharteret er definert og godkjent av prosjekteier". Et eksempel på en fremdriftsplan i form av et Gantt-diagram er vist i figur 10. I figuren markerer raden ID 1 tidsrommet for å oppnå milepæl 1. ID 2-4 konkretiserer viktige aktiviteter for å oppnå milepæl 1. Milepæl 2, 3 osv. beskrives på tilsvarende måte etter siste aktivitet under milepæl 1.

Det anbefales å fastlegge møteplanen for hele prosjektperioden allerede i starten av prosjektet. Møteplanen kan for eksempel være som illustrert i tabell 5. Det er en god regel at prosjektteamet møtes minst én gang per uke. Prosjektleder og prosjektveileder bør, med utgangspunkt i møteplanen, avklare veileders deltakelse og rolle i møtene. Interne forbedringsprosjekter bør som hovedregel avgrenses slik at de kan gjennomføres på (mye) mindre enn fem måneder. Prosjektet bør da ha implementert viktige løsninger. Prosjektleder, veileder og prosjekteier, og eventuelt styringsgruppen, bør så tidlig som mulig vurdere prosjektets omfang og gjøre nødvendige avgrensninger.

Fremdriftsplanen og møteplanen skal angis i prosjektets storyboard. Milepælene skal beskrives og angis i prosjektcharteret.

ID	Milepæler og aktiviteter	Varighet	Ansvarlig	August 2011				September 2011				Oktober 2011				November 2011				Desember 2011			
				31.7	7.8	14.8	21.8	28.8	4.9	11.9	18.9	25.9	2.10	9.10	16.10	23.10	30.10	6.11	13.11	20.11	27.11	4.12	11.12	18.12	25.12
1	Når charter v1 er godkjent (Define)	31d	Hanna																							
2	Lage SIPOC	8d	Peter																							
3	Kartlegge kundekravene	21d	Nina																							
4	Lage BC og fremdriftsplan	7d	Peter																							
5	Når prioriterte rotårsaker er identifisert (Measure/Analyse)	36d	Hanna																							
6	Kartlegge mulige direkteårsaker	14d	Peter																							
7	Kartlegge arbeidsprosessen	7d	Nina																							
8	Måle direkteårsak → virkning	21d	Nina																							
9	Når løsninger er valgt og godkjent	28d	Hanna																							

Figur 10. Fremdriftsplan (Gantt-diagram)

Møteplan:

Dato: 14.2.	Dato: 21.2.	Dato: 28.2.	Dato: 4.3.	Dato:	Dato:
Tid: 10–12	Tid: 10–12	Tid: 10–12	Tid: 10–12	Tid:	Tid:
Sted: rom 10	Sted: rom 10	Sted: rom 10	Sted: rom 10	Sted:	Sted:

Tabell 5. Prosjektets møteplan

4.2.8 Hvilke er prosjektets risikofaktorer?

Det er alltid en risiko for at prosjektets fremdrift eller resultat ikke blir som forventet. Prosjektleder og team skal derfor løpende identifisere de viktigste risikofaktorene og angi dem i prosjektets storyboard. De viktigste innledende risikofaktorene identifisert i define-fasen skal også angis i prosjektcharteret. Risikofaktorene med mottiltak skal stå sentralt i kommunikasjonen og diskusjonen med prosjekteier, styringsgruppe og prosjekt-veileder.

Notater

5 Finne årsakene til problemet (Measure/Analyse)

I measure/analyse-fasen er prosjektets viktigste leveranse:

- De antatt viktigste rotårsakene til mangelfull ytelse for hver av de prioriterte variablene (CTQ-ene) som ble identifisert i define-fasen.

De valgte årsakene skal angis i storyboardet med en begrunnelse.

Viktige verktøy for å forstå årsak/virkning og dokumentere ytelse er:
- Fiskebeinsdiagram (visualisering av årsak/virkning)
- Prosesskart (aktivitetsflyt, funksjonsflyt og verdiflyt)
- Spagettidiagram
- Videokamera
- Histogram
- Paretodiagram
- Scatter-diagram
- Kontrolldiagram (tidsstudier av data)

Det er en god regel at prosjektteamet også i denne fasen går ut i prosessene for å se, lære, diskutere og involvere andre. Slike "gå ut se"-aktiviteter må gjøres i team. Teamet bygger dermed en felles oppfatning av virkeligheten, nyansene og omstendighetene.

Denne bokas tilnærming til årsak/virkning-kartleggingen starter med en visualisering av mulige sammenhenger ved hjelp av et fiskebeinsdiagram. Deretter skal prosesskart-legging og dataanalyse brukes til å forstå, dokumentere og prioritere sammenhengene. I denne boka åpnes det for at årsak/virkning-sammenhenger også kan prioriteres ved hjelp av votering uten videre prosess- eller dataanalyse (se kommentar om dette i kapittel 5.7.2).

5.1 Introduksjon til fiskebeinsdiagrammet

Fiskebeinsdiagrammet er et verktøy for å visualisere mulige årsak/virkning-sammenhenger. Det bør lages et fiskebeinsdiagram per prioritert prosessvariabel (CTQ). Fiskebeinsdiagrammet skal løpende oppdateres basert på ny kunnskap. Figur 11 viser et prinsipielt fiskebeinsdiagram. Figur 13 viser et konkret eksempel på et fiskebeinsdiagram

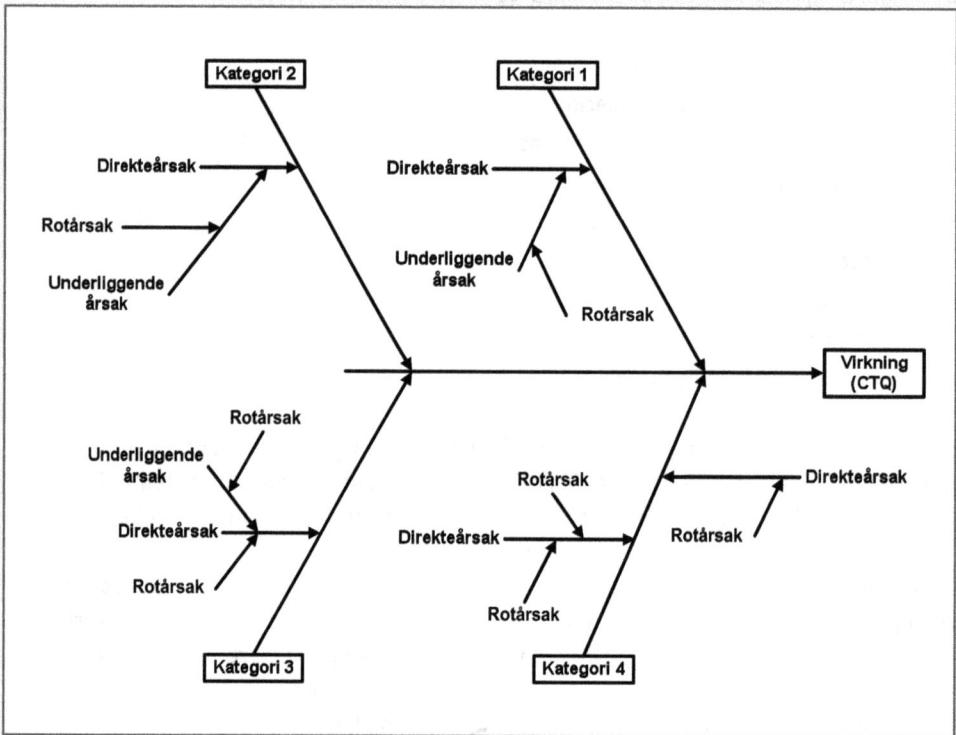

Figur 11. Prinsipielt fiskebeinsdiagram

I hodet på "fisken" finner vi den uønskede virkningen. Det vil si variabelen (CTQ-en) som har mangelfull ytelse. "Inne" i fisken finnes de variablene som antas å være årsaker til mangelfull ytelse. Variablene er sortert i kategorier. Hvert hovedbein representerer en kategori. Prosjektet står helt fritt til å velge navn på kategoriene.

I L6S-litteraturen er følgende årsakskategorier ofte foreslått (de seks M-er):

- Målinger, for eksempel:
  - feilaktige/mangelfulle målinger

- Maskiner, for eksempel:
  - stopptid
  - lav maskinhastighet

- Menneske, for eksempel:
  - tellefeil
  - regnefeil

- Materiale, for eksempel:
  - materialsvikt
  - feil konsistens

- Metoder, for eksempel:
  - mangelfulle/ikke-eksisterende prosedyrer
  - prosedyrer følges ikke

- Miljø/omgivelser/rammebetingelser, for eksempel:
  - uønskede utslipp
  - regulatoriske begrensninger

For prosessforbedringsprosjekter kan det ofte være fordelaktig å velge kategorier knyttet til hovedtrinnene i den prosessen (SIPOC) som skal forbedres. Figur 12 illustrerer dette.

Fiskebeinsdiagrammet vil inneholde direkteårsaker, underliggende årsaker og rotårsaker (figur 13). I figur 13 er det inntil tre nivåer på årsakene, men det kan, avhengig av problem, være flere enn tre nivåer.

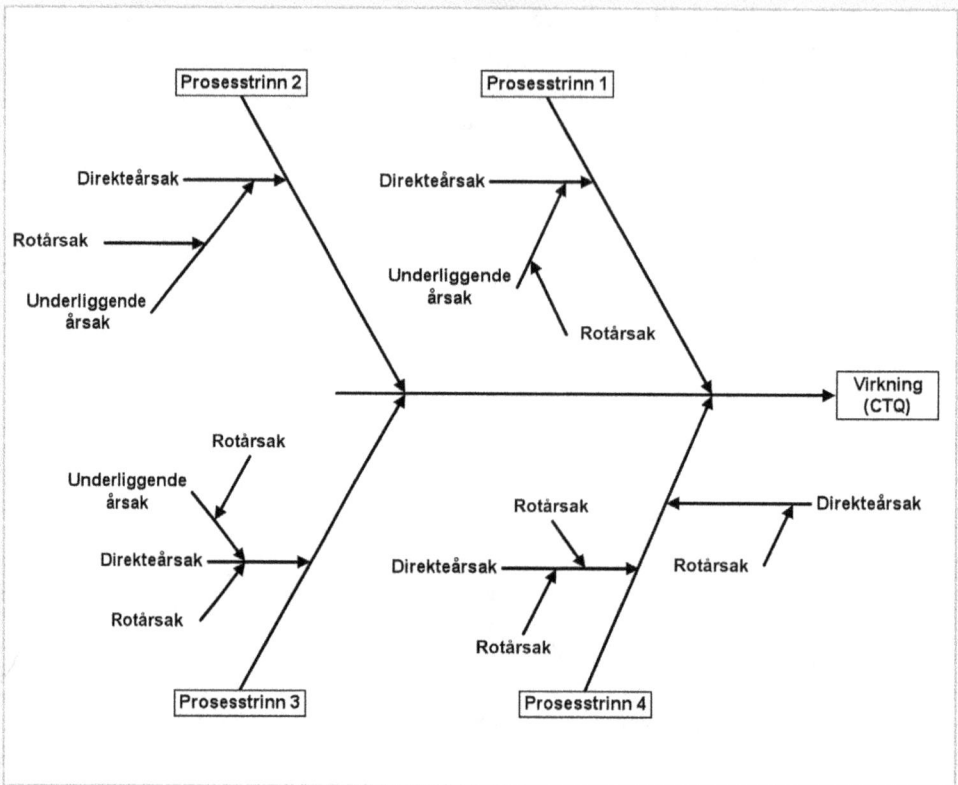

Figur 12. Prosesstrinn som årsakskategorier

For direkteårsakene gjelder:

- De plasseres horisontalt under årsakskategorien. Direkteårsaker av samme kategori skal altså plasseres på samme hovedbein i diagrammet.

- De er sjelden rotårsaker.

- De er konsekvenser av årsakene på lavere nivåer. Det vil si konsekvenser av underliggende årsaker og rotårsaker.

- De er ofte visuelle og/eller lette å måle (gir mulighet for faktabasert prioritering).

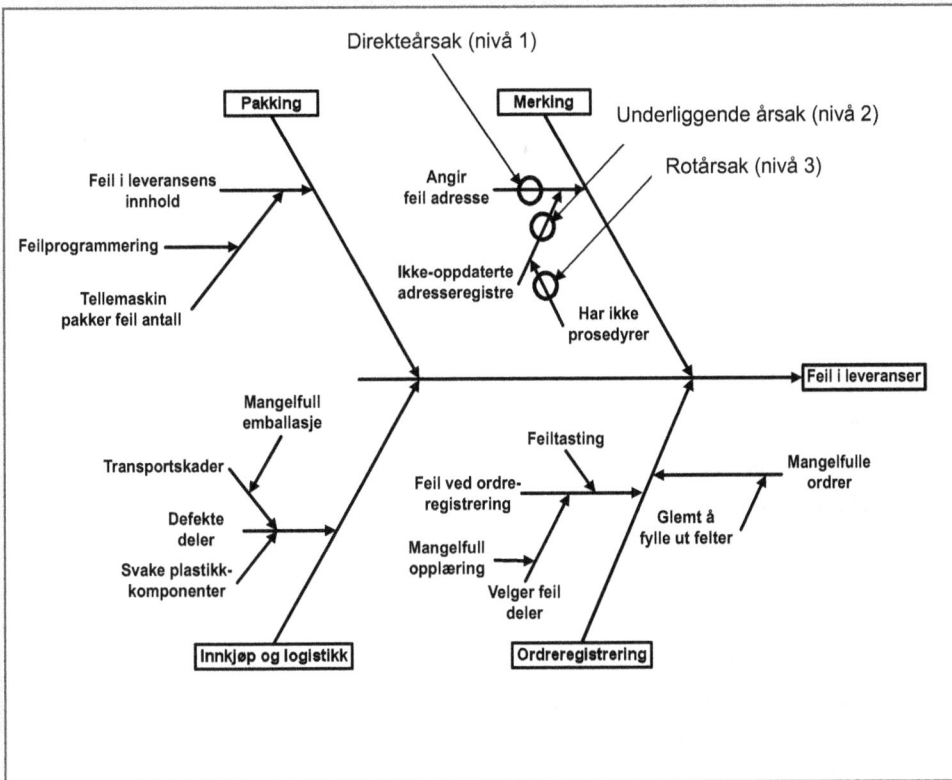

Figur 13. Direkteårsaker, underliggende årsaker og rotårsaker

Eksempler på årsaker som kan være direkteårsaker:

- Feil på tegningene.
- Maskinen stopper.
- Mangelfulle bestillinger.
- Feil materiale.
- Upresise måleinstrumenter.
- For lange serier.
- For lang omstillingstid.
- Feil verktøy.
- Starter arbeidet for sent.
- Bruker for lang tid på arbeidet.

For underliggende årsaker gjelder:

- Alle årsaker som leder til en direkteårsak, er underliggende årsaker. En rotårsak er derfor også en underliggende årsak.
- Det kan være flere underliggende årsaker på samme nivå knyttet til en direkteårsak.
- Samme underliggende årsak kan finnes under flere direkteårsaker i samme fiskebein.

Eksempler på årsaker som kan være underliggende årsaker/rotårsaker, er:

- Mangelfulle rutiner
- Ingen rutiner
- Rutinene følges ikke
- Rutinene er ikke tilgjengelige
- Ingen har ansvaret
- Har ikke målesystem
- Mangelfullt målesystem
- Lederen følger ikke opp
- Lederen følger bare opp når det er avvik
- Mangelfullt vedlikehold
- Mangelfull kompetanse på . . . (kompetansen må spesifiseres)
- Regnefeil/tellefeil

For rotårsaker gjelder:

- Samme rotårsak kan finnes flere steder i samme fiskebein. Behold disse "dublettene" i strukturen (se kommentar i kapittel 5.7.4).
- Når det er mulig, skal prosjektteamet utvikle løsninger for rotårsakene (improve-fasen).

5.2 Kartlegging av årsak/virkning-sammenhenger

Kartlegging av årsak/virkning kan, avhengig av problem, variere sterkt i omfang og kompleksitet. En generell tilnærmingsmåte er angitt i figur 14 og beskrevet i det følgende:

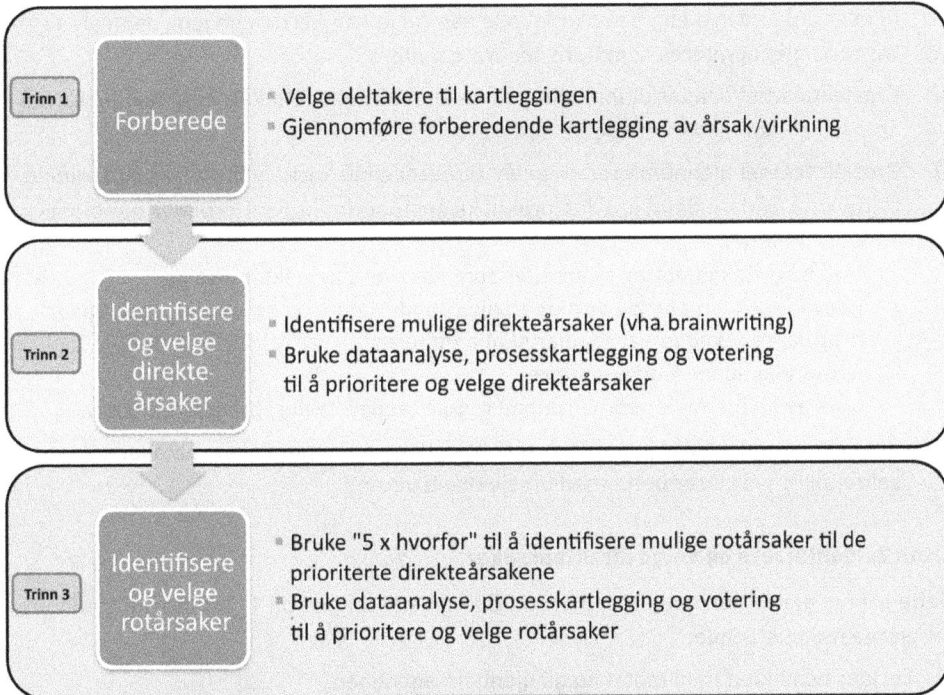

Trinn 1
Forberede
- Velge deltakere til kartleggingen
- Gjennomføre forberedende kartlegging av årsak/virkning

Trinn 2
Identifisere og velge direkteårsaker
- Identifisere mulige direkteårsaker (vha. brainwriting)
- Bruke dataanalyse, prosesskartlegging og votering til å prioritere og velge direkteårsaker

Trinn 3
Identifisere og velge rotårsaker
- Bruke "5 x hvorfor" til å identifisere mulige rotårsaker til de prioriterte direkteårsakene
- Bruke dataanalyse, prosesskartlegging og votering til å prioritere og velge rotårsaker

Figur 14. Prinsipiell fremgangsmåte for å komme frem til de antatt viktigste rotårsakene

Trinn 1: Forberede

a) Prosjektteamet velger hvem som bør være med i kartleggingen av årsak/virkning. Personer med dybdekompetanse fra alle prosesstrinn i SIPOC må delta. I tillegg bør teamet vurdere om interessenter og enkeltpersoner kan bidra til bedret forankring og økt positivt engasjement i prosjektet. Prosjektteamet bør også vurdere om enkelte personer ikke bør delta, for eksempel personer som kan føre til dårlig stemning og mangelfull åpenhet blant deltakerne. Dersom det blir for mange deltakere (flere enn ti) eller det er vanskelig å få samlet alle samtidig, kan kartleggingen i de neste to trinnene gjennomføres som flere separate møter.

b) Prosjektteamet sender ut innkalling til de identifiserte deltakerne. Innkallingen må angi hensikten med møtet og be deltakerne forberede seg.

c) Prosjektteamet gjennomfører en egen, forberedende kartlegging av årsak/virkning. Dette for å avklare detaljer i den praktiske gjennomføringen. Herunder bør blant annet diskuteres:
   - hvilke hovedkategorier av årsaker som kan være hensiktsmessige
   - relevante eksempler på direkteårsaker, underliggende årsaker og rotårsaker
   - hvordan vanskelige situasjoner skal håndteres
   - nødvendig tid for å gjennomføre
   - bruk av hjelpemidler som brunpapir, gule lapper, tavler, programvare osv.

d) Prosjektteamet avtaler hvem som skal ha rollene som møteleder, tidtaker og sekretær, og avklarer dette med prosjektveilederen[14].

Trinn 2: Identifisere og velge direkteårsaker

Dette trinnet gjøres normalt i et møterom. Beregn en varighet på 1–2 timer, og gjennomfør gjerne møtet stående:

a) Forklar hensikten med møtet og gå gjennom agendaen.

b) Introduser deltakerne, om ikke alle kjenner alle.

c) Forklar strukturen i et årsak/virkning-diagram, inklusive forskjellen på direkteårsaker, underliggende årsaker og rotårsaker. Vis relevante eksempler.

d) Forklar hvordan brainwriting gjennomføres.

e) Tegn et tomt fiskebeinskjelett på 3 meter brunpapir som henges opp på veggen eller tavla. Det vil si: Plasser variabelen som skal forbedres i "hodet" på fisken, og tegn 4–6 tomme hovedbein knyttet til hodet. Hovedbeinene er da kategorier, men foreløpig uten navn.

f) Gjennomfør brainwriting der deltakerne formulerer sine forslag til årsaker på gule lapper. En idé per lapp. Dette arbeidet skal gjøres stille, det vil si uten diskusjoner og kommentarer.

g) Når alle har skrevet sine forslag, samles disse inn.

---

14 Prosjektveilederen kan med fordel delta i forberedelsene i trinn 1.

h) Møteleder går gjennom hver gul lapp, leser den høyt og fester den i fiskebeins-strukturen. I dette arbeidet organiseres de gule lappene i grupper av samme type. Hver gruppe knyttes til hvert sitt hovedbein i den tomme fiskebeinsstrukturen. Alle deltakerne bør ha den samme konkrete forståelse av de ulike årsakene. Det er derfor særdeles viktig å finne frem til årsaksformuleringer som er mest mulig konkrete og presise. Når det er behov for endringer i teksten, gjør møteleder dette som en del av gjennomgangen.

i) Når alle de gule lappene står på tavla, er de organisert i grupper under hovedbeina. Møtedeltakerne diskuterer og formulerer kategorinavn på de ulike gruppene.

j) For hver av kategoriene sorteres årsakene i direkteårsaker og underliggende årsaker[15].

k) De underliggende årsakene plasseres på en "parkeringsplass" på siden av fiskebeinet. En parkeringsplass vil for eksempel kunne være et tomt flippoverark der ideer/forslag parkeres for senere behandling.

l) Direkteårsakene plasseres på en tydelig måte i fiskebeinet.

m) Hver av de gule lappene på parkeringsplassen skal deretter gjennomgås. Ettersom disse ikke er direkteårsaker, må en finne frem til direkteårsaken ved å spørre fremover i årsak/virkning-kjeden. En kan spørre: "Når denne årsaken inntreffer, hva skjer da, eller hva er konsekvensen da"? Slik kan en fortsette å spørre til en kommer frem til en direkteårsak. Dersom denne direkteårsaken ikke finnes i diagrammet, legges den til. Figur 16 illustrerer fremgangsmåten. Når en spør fremover i årsaks-kjeden, er det viktig å være klar over at en årsak kan ha flere konsekvenser.

n) Resultatet er et fiskebeinsdiagram med kun direkteårsaker og en parkeringsplass med underliggende årsaker. Parkeringsplassen tas frem igjen i trinn 3 når rotårsaker skal identifiseres.

o) Møteleder går gjennom den endelige fiskebeinsstrukturen for å forankre og kvalitetssikre innholdet.

p) Før møtet avsluttes, diskuteres prosjektets videre arbeid med fiskebeinet og hvem av de fremmøtte utenfor teamet som ønsker å delta.

---

15 Å strukturere fiskebeinsdiagrammet kan ofte være tungt. Om møteleder og/eller prosjektteam ikke har mye erfaring med denne type arbeid, kan det anbefales å gjøre struktureringen etter møtet.

Dersom det er usikkerhet knyttet til resultatet av kartleggingsmøtet, bør prosjektteamet gjøre tilleggsundersøkelser for å verifisere og/eller komplettere innholdet i fiskebeinsdiagrammet. Det endelige fiskebeinsdiagrammet renskrives og legges inn i prosjektets storyboard.

Prosjektet skal nå prioritere direkteårsakene. Teamet kan velge én eller flere av følgende aktiviteter:

1 Prosesskartlegging for å forstå prosessen og årsak/virkning bedre. Flere detaljer om dette i kapittel 5.3.

2 Måle og analysere for å forstå årsak/virkning gjennom fakta. Videokamera er her et mulig verktøy. Flere detaljer om relevante verktøy i kapittel 5.4, 5.5 og 5.6.

3 Gjennomføre votering (kapittel 4.2.4.3).

De tre mulighetene er illustrert i figur 16. På venstre side av figuren vises et fiskebeinsdiagram med de identifiserte, mulige direkteårsakene. På høyre side vises det samme fiskebeinet med prioriterte direkteårsaker. Uavhengig av hvilke alternativ som velges, anbefales det at teamet går ut i prosessen, observerer og diskuterer årsak/virkning med andre ansatte.

Resultatet av prioriteringen visualiseres i fiskebeinet i storyboardet. I figur 17 er dette gjort ved å tegne sirkler rundt prioriterte direkteårsaker. Prioriteringene bør begrunnes. Tabell 6[16] viser hvordan dette kan gjøres. Om votering er lagt til grunn for prioriteringen, skal dette angis. Bruk av votering alene, det vil si uten støttende prosesskartlegging eller måling og analyse, skal godkjennes av prosjektveilederen og prosjekteier.

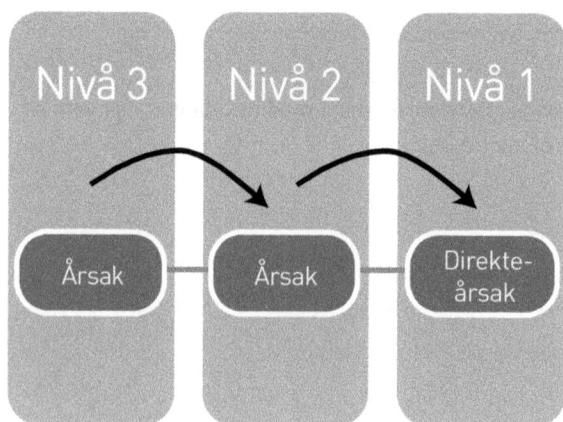

Figur 15. Fra underliggende årsak til direkteårsak: ved å spørre fremover i årsakskjeden

---

16 Tabellen må da tilpasses slik at kolonne 2 angir direkteårsaker.

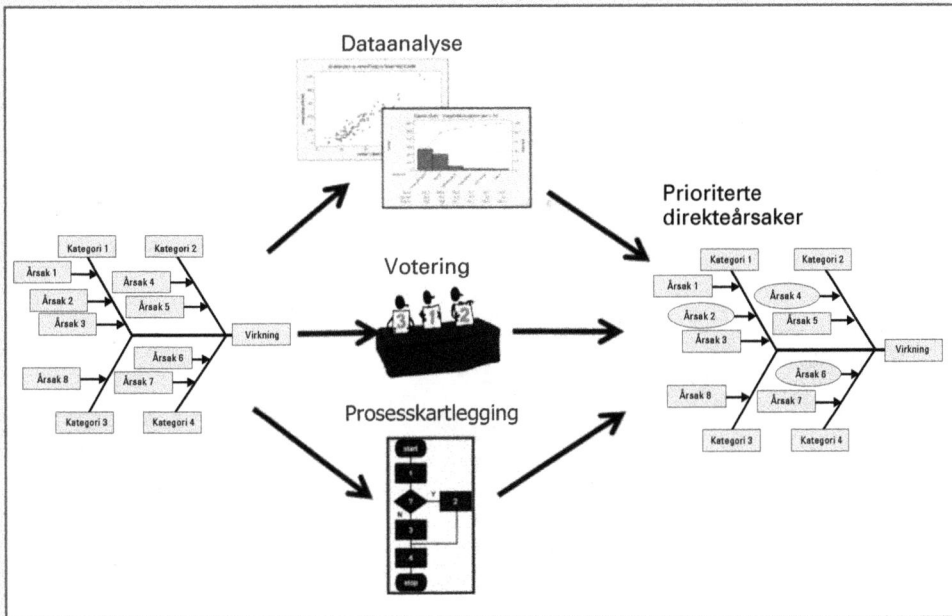

Figur 16. Ulike veier frem til prioriterte direkteårsaker

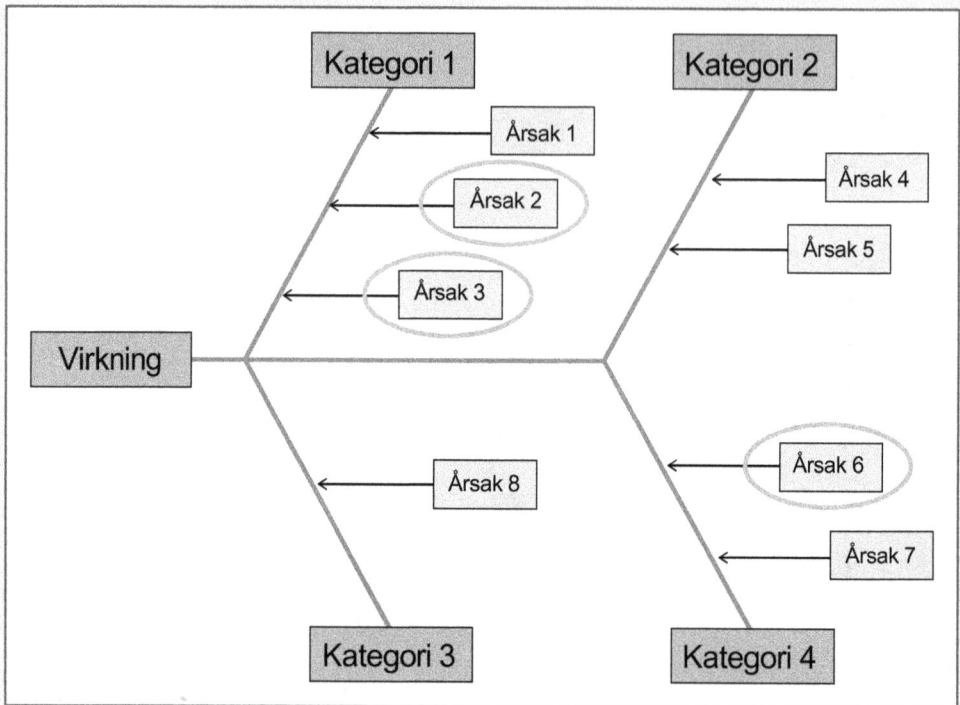

Figur 17. Visualisering av prioriterte direkteårsaker

Trinn 3: Identifisere og velge rotårsaker

Identifisering og valg av antatte rotårsaker kan gjøres i ett eller flere møter. Deltakerne må som tidligere nevnt ha inngående kunnskap om alle prosesstrinn. Vi antar i det følgende at direkteårsakene er kartlagt og prioritert. Prosjektteamet har kalt inn til et møte for å identifisere mulige rotårsaker til prioriterte direkteårsaker. I møtet gjøres følgende:

a) Det endelige fiskebeinsdiagrammet fra trinn 2 vises i stort format på tavla og gjennomgås nøye. Det er viktig at møteleder forsikrer seg om at årsak/virkning-visualiseringen virkelig er forstått av alle deltakerne.

b) For hver prioriterte direkteårsak gjennomføres "5 x hvorfor" (kapittel 5.7.8) ved hjelp av brainwriting (kapittel 4.2.4.1).

c) Møteleder leser opp hver gul lapp, konkretiserer og renskriver årsaksformuleringen før den organiseres under valgt direkteårsak. Det er viktig å unngå diffuse årsaksbeskrivelser (se kommentar kapittel 5.7.7). Om det ble plassert underliggende årsaker på parkeringsplassen i forrige trinn (kartlegging av direkteårsaker), må disse gjennomgås og eventuelt plasseres inn i diagrammet. Om det er mange underliggende årsaker for en direkteårsak, kan det opprettes et eget fiskebeins-diagram for denne. Om det er hensiktsmessig, kan strukturering av årsaker gjen-nomføres i etterkant av møtet.

d) Det renskrevne resultatet føres inn i storyboardet og bør på ny gjennomgås med deltakerne og andre interessenter av hensyn til kvalitet og forankring.

Prosjektets oppgave er nå å prioritere de antatte rotårsakene. På samme måte som i trinn 2 kan teamet gjøre én eller flere av følgende aktiviteter:

1 Prosesskartlegging for å forstå prosessen og årsak/virkning bedre (kapittel 5.3).

2 Måle og analysere for å forstå årsak/virkning gjennom fakta. Videokamera er her et mulig verktøy. Flere detaljer om relevante verktøy i kapittel 5.4, 5.5 og 5.6[17].

3 Gjennomføre votering (kapittel 4.2.4.3).

Uavhengig av hvilke alternativ som velges, anbefales det at teamet går ut i prosessen for å observere og diskutere årsak/virkning med andre ansatte.

Resultatet av prioriteringen med begrunnelse skal angis i storyboardet. Figur 19 viser et fiskebeinsdiagram der de prioriterte rotårsakene er markert med stiplede sirkler. Teamets begrunnelse for valg av rotårsaker kan angis som illustrert i tabell 6. Om votering er lagt til grunn for prioriteringen, skal dette angis. Bruk av votering alene, det vil si uten støttende prosesskartlegging eller måling og analyse, skal godkjennes av prosjektveilederen og prosjekteieren.

Om fiskebeinsdiagrammet er tungt å bearbeide, kan et alternativ være å benytte en liste som vist i figur 18. I figuren brukes punkter og innrykk for å visualisere kjeden fra direkteårsak til rotårsaker.

Resultatene av årsak/virkning-kartleggingen skal presenteres for prosjekteier og eventuelt styringsgruppen. Prosjekteier skal godkjenne at prosjektet går videre til neste fase.

De resterende underkapitlene 5.3 til 5.7 beskriver verktøy for enkel dataanalyse og detaljert prosesskartlegging.

---

17 Eksperimentell forsøksdesign kan være et verktøy for å forstå mer sammensatte årsak/virkning-sammenhenger.

Generell struktur	Eksempel, se tilsvarende i figur 19

Kategori 1
• Direkteårsak 2
  – Underliggende årsak
    • Underliggende årsak
      – Rotårsak
      – Rotårsak
  – Underliggende årsak
    • Underliggende årsak
      – Rotårsak
• Direkteårsak 3
  – Underliggende årsak
    • Underliggende årsak
      – Rotårsak
    • Rotårsak
	Innkjøp og logistikk
	• Defekte deler
	  – Transportskader
	    • Mangelfull emballasje
	  – Svake plastkomponenter
	Merking
	• Legger inn feil adresse
	  – Ikke-oppdaterte adresseregistre
	    • Har ikke prosedyrer for dette
	Ordreregistrering
	• Bestiller feil deler
	  – Feiltasting
	  – Velger feil deler
	    • Mangelfull opplæring

Figur 18. Utvikling av rotårsaker ved hjelp av "5 x hvorfor" og ved hjelp av punkter og innrykk

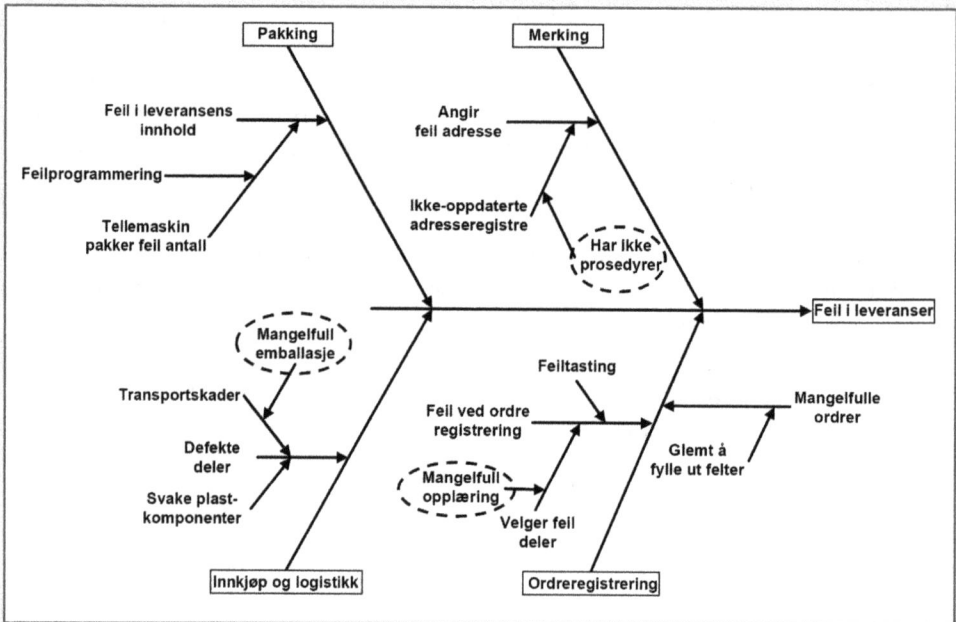

Figur 19. Utvikling av rotårsaker ved hjelp av "5 x hvorfor" i fiskebeinsdiagrammet

Virkning (CTQ)	Rotårsaker	Hvorfor tror teamet denne årsaken er viktig?
Feil i leveranser	Feiltasting	Prosesskartlegging av ordreregistreringen er gjort. Inntastingen ble identifisert som en mulig viktig rotårsak. Teamet har manuelt gått gjennom 100 ordrer med feil. Gjennomgangen viser at feilene er et resultat av feiltasting. Måleresultatene finnes vedlagt.
	Har ikke prosedyrer	Kvalitetssjef og prosesseier bekrefter at det ikke er laget prosedyrer.
	Mangelfull emballasje	Teamet har gjennomført intervjuer med ansatte i varemottaket og gjort målinger på 50 defekte inngående varer. Begge tilnærmingene peker på at emballasjen ikke beskytter varene i tilstrekkelig grad ved transport. Måleresultatene finnes vedlagt.

Tabell 6. Dokumentasjon av årsaker i storyboardet

5.3 Prosesskartlegging

Prosesskart er visuelle verktøy som benyttes til å kartlegge eller dokumentere flyten av varer, personer og/eller informasjon. I measure/analyse-fasen er hensikten med prosesskartleggingen å visualisere hvordan flyten virkelig foregår (dagens situasjon). Kartleggingen vil gi en bedret, felles forståelse av årsak/virkning-sammenhenger. Den kan dermed brukes som begrunnelse for verifisering og prioritering av antatte årsaker. Prosesskartleggingen kan gjøres for hele eller deler av prosesser. Deler av prosessen kan for eksempel være enkelttrinn i SIPOC (kapittel 4.2.3).

I de følgende underkapitlene vil følgende prosesskart[18] diskuteres:

1   Aktivitetsflytdiagram

2   Funksjonsflytdiagram

3   Verdiflytdiagram

4   Flytdiagrammer med fakta og informasjonsflyt

5   Spagettidiagram

Aktivitetsflyt- og funksjonsflytdiagram kan også benyttes i improve- og control-fasen for design og standardisering av nye prosesser.

For å sikre at alle kan forstå og aktivt delta i prosesskartleggingen benyttes få og enkle symboler som illustrert i figur 20.

---

18   I en del prosjekter vil det kunne være aktuelt å benytte verdistrømkartlegging (kapittel 8.1)

Symbol	Beskrivelse
(rounded rectangle)	Start og stopp
(rectangle)	Aktivitet eller operasjon
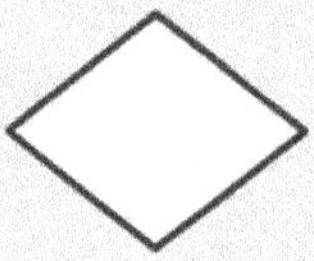 (diamond)	Beslutningspunkt eller alternativ
 (arrow)	Retning eller flyt
 (home plate shape)	Forbindelsespunkt – til annet sted i diagrammet eller annen side

Figur 20. Symboler til bruk ved prosesskartlegging

5.3.1 Fremgangsmåte ved prosesskartlegging

Dette kapittelet beskriver en felles tilnærmingsmetode for utvikling av ulike flytdiagrammer. En overordnet beskrivelse er vist i figur 21.

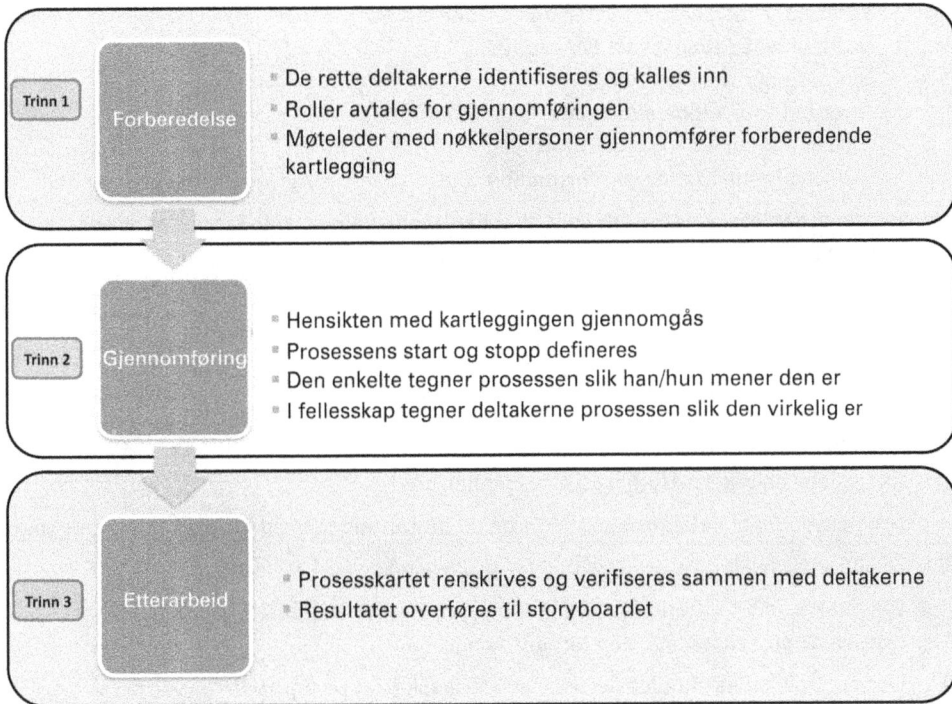

Trinn 1 Forberedelse
- De rette deltakerne identifiseres og kalles inn
- Roller avtales for gjennomføringen
- Møteleder med nøkkelpersoner gjennomfører forberedende kartlegging

Trinn 2 Gjennomføring
- Hensikten med kartleggingen gjennomgås
- Prosessens start og stopp defineres
- Den enkelte tegner prosessen slik han/hun mener den er
- I fellesskap tegner deltakerne prosessen slik den virkelig er

Trinn 3 Etterarbeid
- Prosesskartet renskrives og verifiseres sammen med deltakerne
- Resultatet overføres til storyboardet

Figur 21. Gjennomføring av prosesskartlegging

Trinn 1: Forberedelse

a) Prosjektteamet velger hvem som bør være med i prosesskartleggingen. Personer med dybdekompetanse fra alle relevante prosesstrinn må delta. I tillegg bør teamet vurdere om interessenter og enkeltpersoner kan bidra til bedret forankring og økt positivt engasjement i prosjektet. Prosjektteamet bør også vurdere om enkelte personer ikke bør delta, for eksempel personer som kan føre til dårlig stemning og mangelfull åpenhet blant deltakerne. Dersom det blir for mange deltakere (flere enn ti) eller er vanskelig å få samlet alle samtidig, kan kartleggingen gjennomføres som flere separate møter.

b) Prosjektteamet sender ut innkalling til deltakerne. Innkallingen må forklare hensikten med møtet og be deltakerne forberede seg.

c) Prosjektteamet gjennomfører en egen, forberedende prosesskartlegging. Dette for å avklare detaljer i den praktiske gjennomføringen. Herunder bør blant annet diskuteres:
- hvilken type prosesskart bør tegnes
- prosessens start og stopp
- hvordan vanskelige situasjoner skal håndteres
- nødvendig tid for å gjennomføre
- bruk av hjelpemidler som brunpapir, gule lapper, tavler, programvare osv.

d) Prosjektteamet avtaler hvem som skal ha rollene som møteleder, tidtaker og "sekretær", og avklarer med prosjektveilederen om han/hun skal delta[19].

Trinn 2: Fremgangsmåte ved prosesskartleggingen

a) Gå gjennom hensikten med møtet og agendaen.

b) Introduser deltakerne (om ikke alle kjenner alle).

c) Om nødvendig gi deltakerne en kort, enkel innføring i teorien for prosesskartlegging.

d) Diskuter og fastlegg start og stopp for prosessen som skal kartlegges.

e) Gi deltakerne 5–10 minutter til å tenke gjennom og eventuelt tegne opp sin egen versjon av prosessen slik den foregår i dag.

f) Lag en grov, felles "kladdeversjon" av prosesskartet på flippover/tavle.

g) Tegn opp prosessen ved hjelp av gule lapper i A5-format på 3–5 meter gråpapir (på gulv, bord eller vegg). Benytt én gul lapp per prosesstrinn og per beslutningspunkt. Det er viktig å engasjere alle deltakerne i dette arbeidet:
1 Begynn med start og stopp.
2 Plasser deretter prosesstrinn og beslutningspunkter.
3 Tegn inn flyt (piler og streker), og skriv inn eventuell viktig informasjon til slutt.

---

19 Prosjektveilederen bør delta i forberedelsene i trinn 1.

h)   Dersom det er relevant:
1   Gjennomfør kartleggingen motstrøms. Det vil si fra stopp til start om dette forenkler kartleggingen.
2   Tydeliggjør venting, køer, transport og lagring.
3   Visualiser ulike forløp av prosessen i samme diagram (det vil si variasjon i gjennomføring).
4   Marker punkter i diagrammet der det eventuelt skal måles. Angi i så fall også nødvendige detaljer om hva som skal måles og registreres (kapittel 5.5).

Husk tidligere kommentarer om at det er god arbeidspraksis å gå ut i prosessen for å se og diskutere med de ansatte hva som virkelig skjer. Dette kan være aktuelt både før og etter kartleggingen i dette trinnet (2).

Trinn 3: Etterarbeid

a)   Prosesskartet overføres til elektronisk form.

b)   Når det gjøres endringer i prosesskartet etter selve kartleggingsmøtet, bør dette gjennomgås og godkjennes av møtedeltakerne.

c)   Elektronisk prosesskart legges inn i storyboardet og kommenteres. Kommentarene bør være slik at leseren av storyboardet forstår hensikten med kartleggingen og hva prosesskartet viser.

5.3.2 Aktivitetsflytdiagram

Et aktivitetsflytdiagram[20] kan brukes når hensikten for eksempel er å:

*   visualisere og forstå detaljene i en prosess

*   finne frem til og visualisere ulik arbeids- og produksjonspraksis

*   finne frem til og visualisere uønskede tilbakekoplinger og venting i prosessen

*   finne frem til og visualisere uhensiktsmessig og/eller potensielt farlig arbeidspraksis

*   identifisere og visualisere målepunkter

Et eksempel på et flytdiagram er vist i figur 22.

---

20   Mange velger å utvikle et helhetlig flytskjema allerede i define-fasen av Lean Six Sigma-prosjekter. Grunnen til dette kan være behov for å gi alle deltakerne et felles syn på prosessen som skal forbedres.

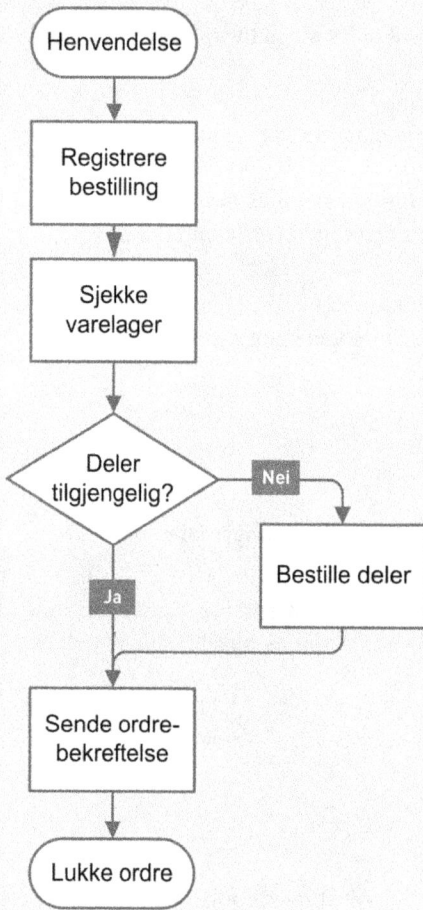

Figur 22. Illustrasjon av et flytdiagram

5.3.3 Funksjonsflytdiagram

Et funksjonsflytdiagram er et (flyt-) diagram der roller og ansvar for prosesstrinn frem-
kommer som en dimensjon i diagrammet. Hensikten med funksjonsflytdiagrammet vil for
eksempel kunne være å:

•   visualisere flyt mellom ansvarsområder, roller og enheter

•   identifisere deler av prosesser der ansvaret er uklart

•   identifisere lange og kanskje unødvendige beslutningsveier

Et eksempel på et funksjonsflytdiagram er vist i figur 23.

Prosess: Forberede garasjebygging

Utbygger	Entreprenør	Kommune	Naboer
Lage skisser av garasje			
	Utarbeide tegninger		
	Utarbeide tilbud		
Lage nabo-varsel			
			Godkjenne byggeplaner
	Lage bygge-søknad		
		Behandle søknad	
Gi aksept for byggestart			

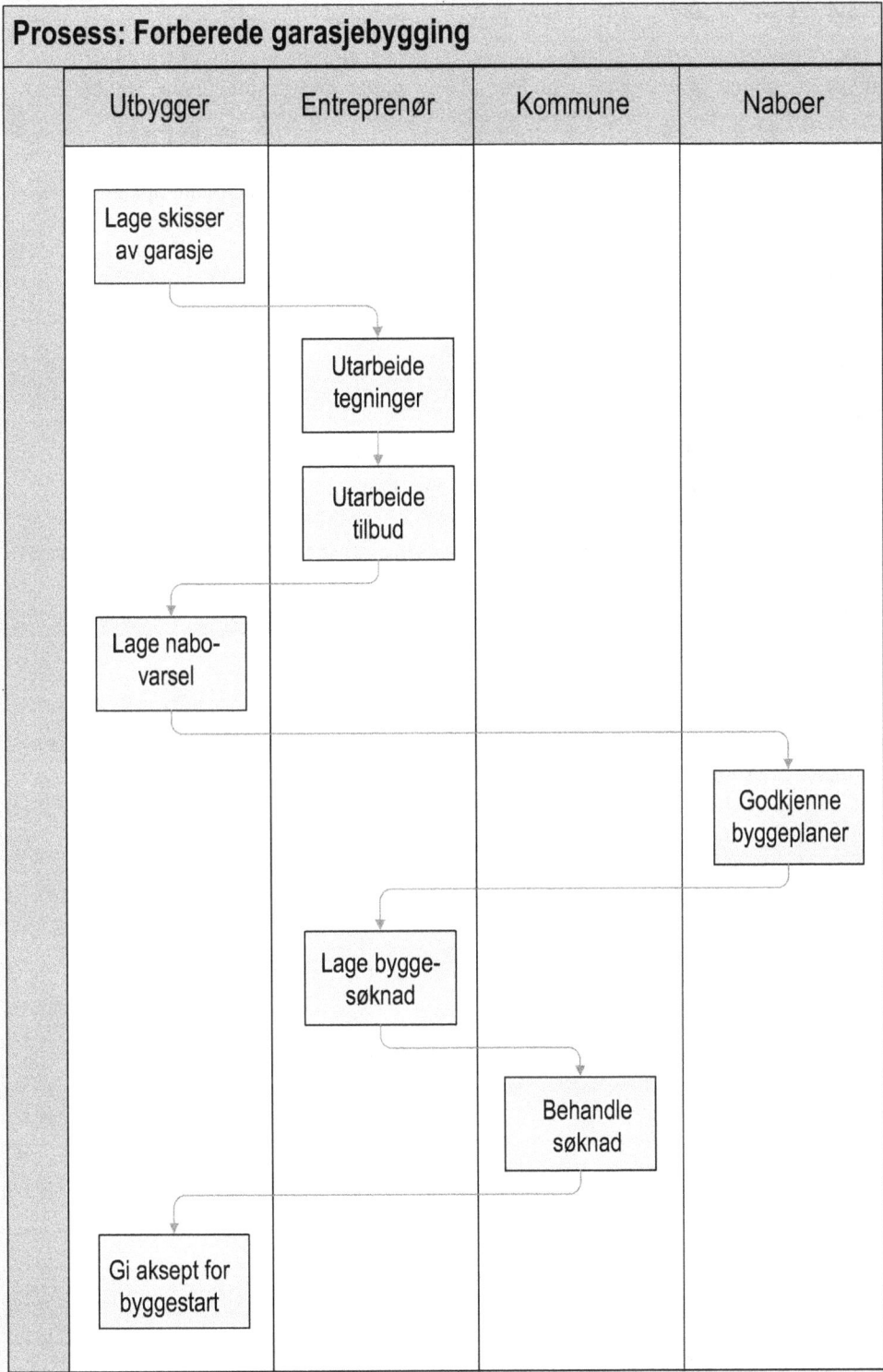

Figur 23. Illustrasjon av funksjonsflytdiagram

5.3.4 Verdiflytdiagram

Et verdiflytdiagram er en versjon av aktivitetsflytdiagrammet. Målet er å identifisere aktiviteter som ikke er verdiøkende. Når ikke-verdiøkende aktiviteter[21] skal identifiseres, er det viktig å huske at det er tre perspektiver på verdi:

- Verdiøkende for kunde[22]. Det vil si at kunden er villig til å betale for denne aktiviteten.
- Verdiøkende for virksomheten[23,24]. Det vil si at virksomheten er villig til å betale for denne aktiviteten. Typiske aktiviteter er utvikling av alternative løsninger, inspeksjoner, kontroll og testing. Aktiviteter for å redusere risiko vil ofte tilhøre denne kategorien.
- Ikke-verdiøkende for noen[25]. Det vil si aktiviteter som alle ønsker å fjerne. Slike aktiviteter er å betrakte som sløsing (waste).

Verdiflytdiagrammer benyttes gjerne når hensikten er å kartlegge:

- Årsaker til lang gjennomløpstid.
- Andelen verdiøkende prosesstid i forhold til total gjennomløpstid.

Et eksempel på et verdiflytdiagram for en kopieringsprosess er vist i figur 24. Her er de verdiøkende og ikke-verdiøkende aktivitetene splittet i to kolonner. Et alternativ til kolonner er å skille verdiøkende og ikke-verdiøkende aktiviteter ved hjelp av fargekoding (eksempelvis med rødt og blått).

Når verdiøkende aktiviteter har potensial for å gjennomføres mer effektivt, betyr dette at det finnes ikke-verdiøkende delaktiviteter inne i aktiviteten. Om det er viktig å finne ut av dette, kan den verdiøkende aktiviteten "åpnes opp" og kartlegges med økt grad av detaljering. Et alternativ er å identifisere alle verdiøkende og ikke-verdiøkende momenter i delaktiviteten ved hjelp av brainwriting. Tabell 7 illustrerer en slik oppsplitting av aktiviteten "konfigurer produkt". I tabellen inkluderer verdiøkende tid både kunde- og virksomhetsperspektivet.

---

21 I Lean-litteraturen kalles ikke-verdiøkende aktiviteter for "waste", det vil si sløsing.
22 På engelsk betegnes denne typen aktivitet ofte: Value Adding (VA)
23 På engelsk betegnes denne typen aktivitet ofte: Business Value Adding (BVA)
24 I Lean-litteraturen betegnes denne typen aktivitet noen ganger: "necessary waste", det vil si nødvendig sløsing.
25 På engelsk betegnes denne typen aktivitet ofte: Non Value Adding (NVA)

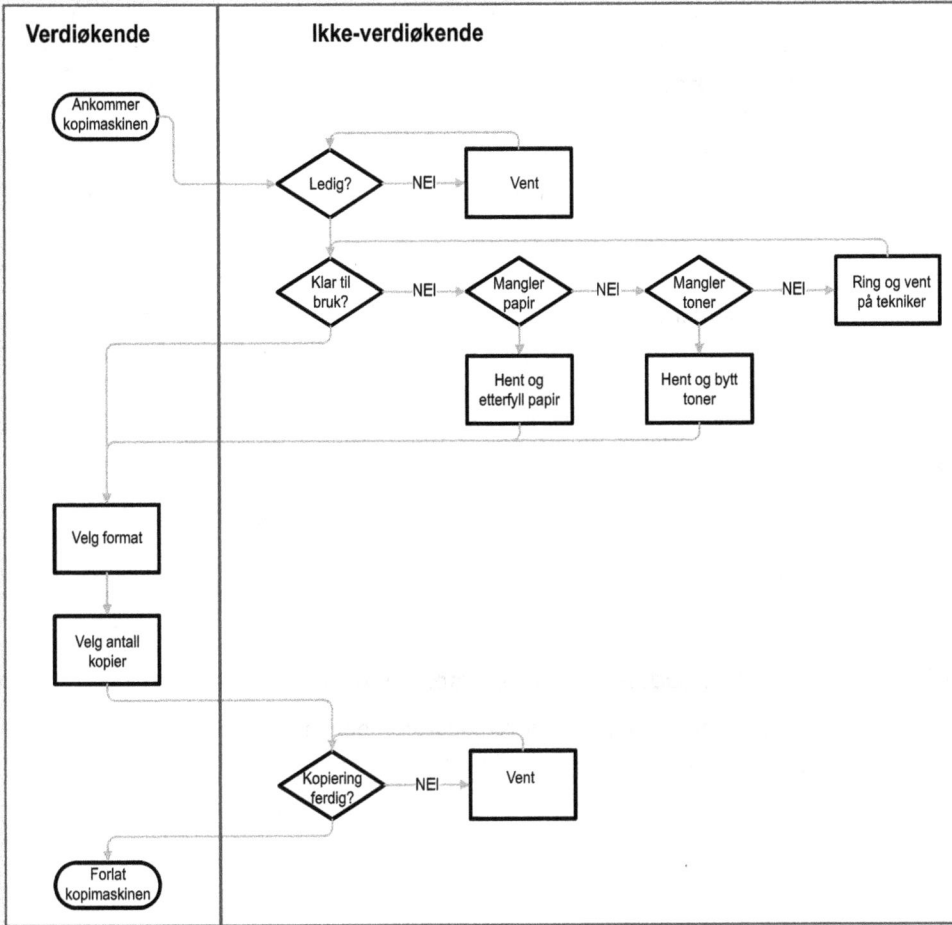

Verdiøkende　　　**Ikke-verdiøkende**

Figur 24. Illustrasjon av verdiflytdiagram

Aktivitet – "konfigurer produkt"	Tid (per aktivitet)	
	VØ	IVØ
Hent produkt på lager		10
Hent relevant testutstyr		5
Pakk ut		2
Konfigurer	7	
Gjør funksjonskontroll	3	
Kalibrer testinstrumenter		2
Gjennomfør test	6	
Skriv rapport	2	
Pakk produkt, og lever på lager		5
Sum	18	24
Andel av total	42,9 %	57,1 %

Tabell 7. Verdiøkende (VØ) og ikke-verdiøkende (IVØ) aktiviteter

5.3.5 Flytdiagram utvidet med faktabokser og informasjonsflyt

I L6S-prosjekter er det ofte nyttig å utvide flytdiagrammene til å omfatte faktabokser og informasjonsflyt. Figur 25 viser et eksempel på et slikt diagram.

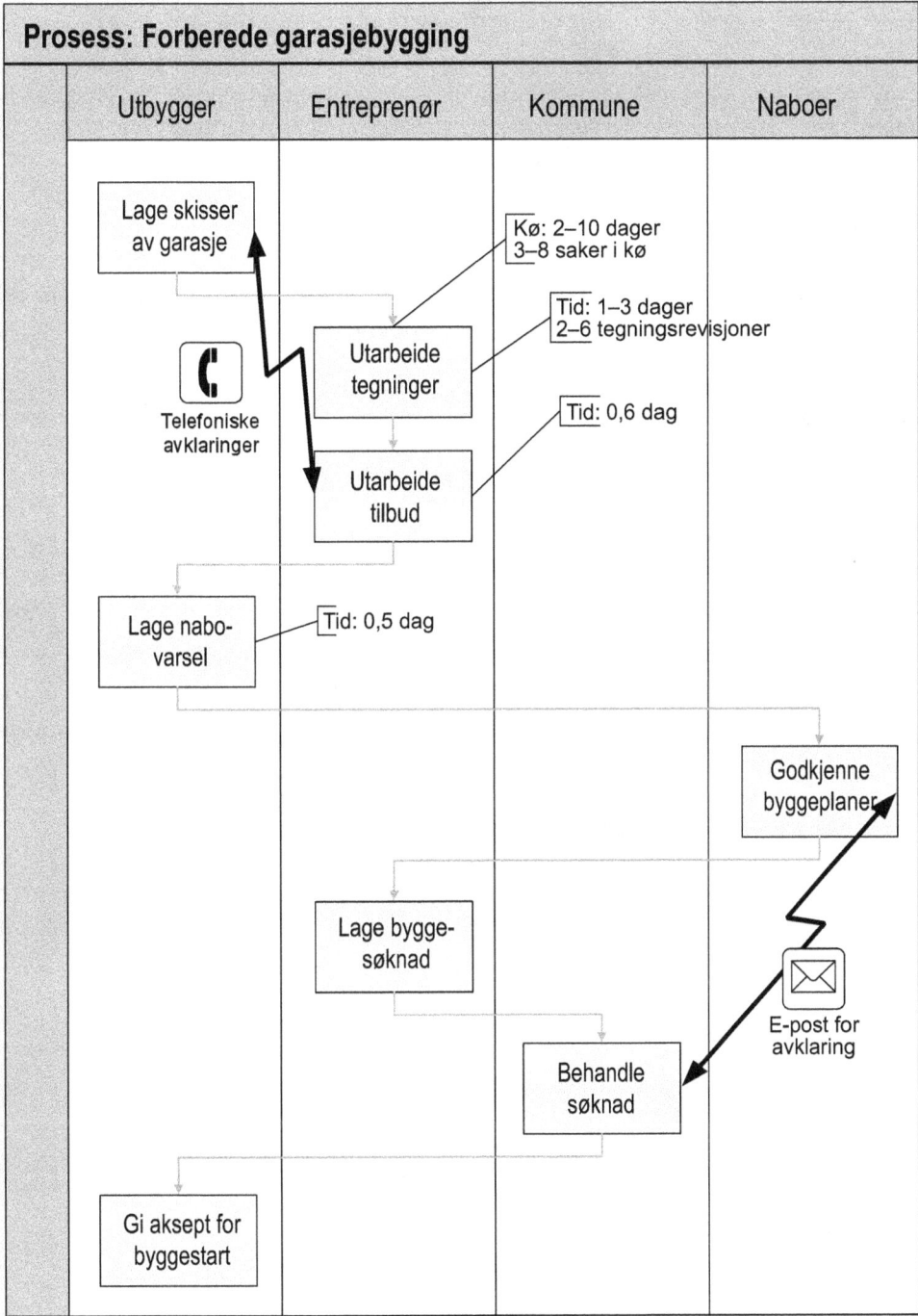

Prosess: Forberede garasjebygging

Utbygger	Entreprenør	Kommune	Naboer

Lage skisser av garasje

Kø: 2–10 dager
3–8 saker i kø

Utarbeide tegninger

Tid: 1–3 dager
2–6 tegningsrevisjoner

Telefoniske avklaringer

Tid: 0,6 dag

Utarbeide tilbud

Lage nabo-varsel

Tid: 0,5 dag

Godkjenne byggeplaner

Lage bygge-søknad

E-post for avklaring

Behandle søknad

Gi aksept for byggestart

Figur 25. Flytdiagram utvidet med fakta og informasjonsflyt

Finne årsakene til problemet (Measure/Analyse) 83

5.3.6 Spagettidiagram

Spagettidiagram benyttes for å kartlegge og visualisere arealbruk og bevegelse av objekter i arbeids- og produksjonsprosesser. Objekter kan være personer, varer, produkter, informasjon, skjemaer osv. Hensikten kan for eksempel være å finne årsaker til lang gjennomløpstid, årsaker til flaskehalser eller diskutere endringer for å skape raskere flyt. Diagrammet lages ved å markere bevegelser og eventuelt arealbruk i en plantegning. Figur 26 illustrerer dette.

Om ønskelig kan hver forflytning og areal gis et unikt nummer. En tabell med referanse til disse numrene kan da oppsummere beslutningsinformasjonen. Tabell 8 illustrerer dette. For å beholde lesbarheten bør hvert diagram begrenses til et fåtall objekttyper.

Nr.	Beskrivelse	Avstand	Areal	Tid	Frekvens	Kommentar
A1	Areal for M23		45 m²			Må ryddes, helst fjernes
D1	Levere skjema R14	90 m			4 ganger per produkt	
S1	Omarbeidings-sløyfe	50 m				Burde vært unngått
D2	Total bevegelse for PN12	820 m		15 timer		Stort potensial for forbedring
A2	Vrakområde		10 m²			Må ryddes

Tabell 8. Oppsummeringstabell for spagettidiagrammet

Finne årsakene til problemet (Measure/Analyse)

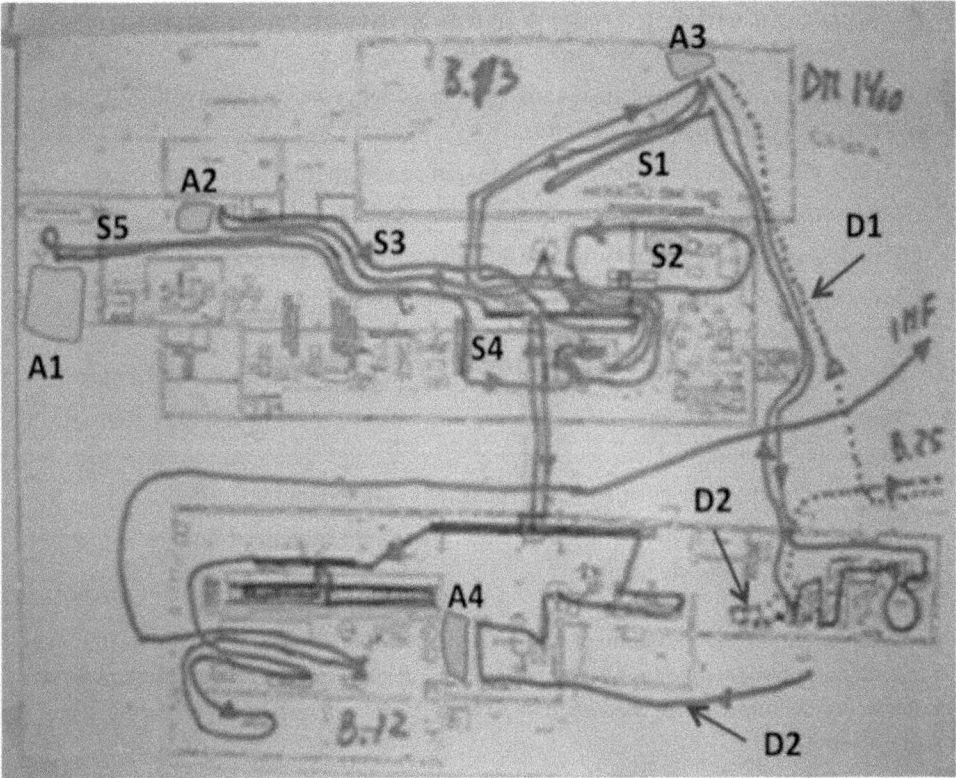

Figur 26. Spagettidiagram

5.4 Bruk av videokamera for å analysere prosessen

For en del problemstillinger vil videokamera være et nyttig verktøy for å analysere prosessen. Det er flere grunner til dette:

1 En videofilm gir informasjon om rekkefølgen og varigheten på aktivitetene.

2 Analysen kan gjøres i team etter at aktivitene er gjennomført.

3 En videofilm kan benyttes for lettere å analysere og avdekke HMS-risiko.

4 En videofilm kan analyseres flere ganger og gir innsikt i detaljer og sammenhenger som regulære målinger ikke fanger opp.

5 En videofilm gir mulighet for rask spoling i tid mellom interessante aktiviteter.

6 Videofilming med fast oppsett av kamera kan være et kostnadseffektivt alternativ til manuelle målinger.

7 Videofilming påvirker normalt ikke prosessens ytelse negativt.

8 En videofilm kan benyttes til å dokumentere og sannsynliggjøre årsaker til mangelfull ytelse og uønskede hendelser.

Personer som blir filmet, kan føle utrygghet og usikkerhet knyttet til bruken av filmen. Prosjektleder, prosjektveileder og prosjekteier må derfor i god tid før eventuell bruk av videokamera diskutere dette med de involverte og fagforeninger. Innspill i denne sammenheng kan være:

• Et prosjektmedlem eller en person som jobber i prosessen, gjennomfører filmingen.

• Filmen benyttes kun til analyse innenfor rammen av prosjektet.

• Filmen makuleres når prosjektet er ferdig.

• Filming gjøres om mulig slik at ansikt ikke vises.

Når filming er aktuelt, bør kommunikasjonsplanen (kapittel 4.1) inneholde konkrete aktiviteter for å sikre en vellykket gjennomføring.

5.5 Datainnsamlingsplan og målesystemverifikasjon

Datainnsamling kan være tidkrevende og utgjøre en stor andel av prosjekttiden. For å sikre at resultatet av målingene kan benyttes for analyse og beslutning, må innsamlingen beskrives og planlegges i detalj.

Innsamlingsplanen bør beskrive:

1 Hva som skal måles
   a) variablene med entydige definisjoner

2 Måleomfang
   a) herunder kommer antall målinger, frekvens og varighet
   b) hvilke administrative tilleggsdata som skal registreres ved måling. Eksempler er alder, kjønn, geografi, årstid, ukenummer, ukedag, skift, maskin, temperatur, produkttype osv.

3 Krav til presisjon og nøyaktighet

4 Hvordan det skal måles (det vil si målerutiner, måleutstyr, ansvar m.m.)

5 Praktisk håndtering av måledata/skjemaer før, under og etter måling

6 Hva som skal gjøres for å sikre at målesystemet fungerer etter hensikten
   a) opplæring av personer som skal måle
   b) gjennomføring av eventuell formell målesystemverifikasjon
   c) tett oppfølging og tilpasninger ved oppstart frem til stabile målinger

En formell målesystemverifikasjon innebærer å teste målesystemets egenskaper med hensyn til repeterbarhet, reproduserbarhet, linearitet, skjevheter (bias) og stabilitet. Formell målesystemverifikasjon diskuteres ikke i denne boka. Den interesserte leser kan lese mer om dette i (Brook, 2006).

Datainnsamlingsplanens omfang kan variere fra enkle tabeller som konkretiserer punktene angitt over, til en helhetlig prosjektplan med budsjett. Storyboardet skal inkludere en oppsummering av de viktigste punktene i datainnsamlingsplanen.

Når planen skal lages, bør teamet nøye tenke gjennom hva de ønsker å finne ut av og med hvilke dataverktøy resultatet skal analyseres og visualiseres. Noen sentrale dataanalyse-verktøy gjennomgås i neste kapittel (5.6).

5.6 Dataanalyse

"Har du tall, så tegn en graf". En visualisering av tallmaterialet gjør det enklere for alle å se mønstre, forstå og trekke ut beslutningsinformasjon. I L6S-prosjekter brukes data til å:

- dokumentere og analysere ytelse på variabler (for eksempel før og etter forbedring)
- dokumentere og analysere sammenhenger mellom variabler
- ta faktabaserte beslutninger

De følgende underkapitlene gir en kort introduksjon til følgende sentrale verktøy for dataanalyse:

- Histogram
- Scatter-diagram
- Paretodiagram
- Individuelt kontrolldiagram

5.6.1 Histogram

Anta at det er samlet inn et antall verdier for en kontinuerlig målevariabel. Histogrammet for denne variabelen (figur 27) viser da formen, beliggenheten og spredningen/variasjonen i tallmaterialet. Den horisontale aksen representerer verdiene variabelen kan ha. Denne aksen deles inn i intervaller som visuelt representeres med en stolpe. Stolpenes høyde leses av på den vertikale aksen og angir antall observasjoner/målinger i hvert intervall. Beliggenheten til tallmaterialet angis ofte som gjennomsnittet eller medianen. Spredningen til tallmaterialet angis ofte som tallmaterialets standard avvik eller bredde. Den stiplede kurven i histogrammet, viser variabelens fordeling.

Eksempler på spørsmål som histogrammet kan gi svar på:

- Er fordelingen som forventet?
- Er fordelingen symmetrisk?
- Har fordelingen flere topper?
- Forteller fordelingen om irregulariteter i tallmaterialet?
  For eksempel skjevheter og diskontinuiteter.
- Er gjennomsnittet som forventet?
- Er variasjonen som forventet?
- Er det avvikende verdier som bør ses nærmere på?
- Hvor ligger tallmaterialet i forhold til sentreringskrav?
- Hvor stor er variasjonen i forhold til toleranseområdet?

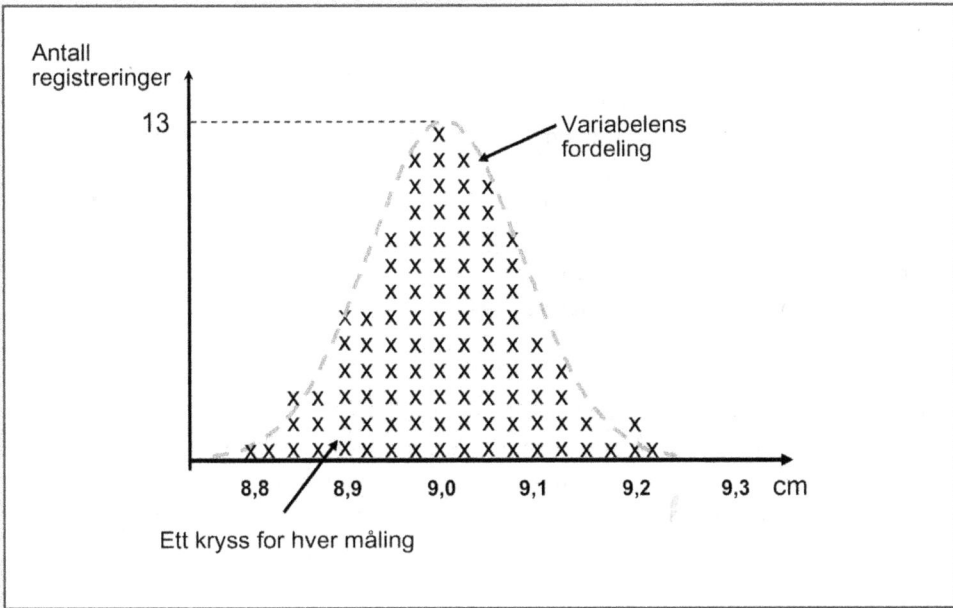

Figur 27. Histogram

5.6.2 Scatter-diagram

Scatter-diagrammet viser sammenhengen mellom to kontinuerlige variabler. Anta at du har to kolonner med like mange måleverdier. Du ønsker å bruke et scatter-diagram til å vurdere om det er en sammenheng mellom datasettene i kolonnene. Den horisontale aksen representerer verdiene i det ene datasettet. Den vertikale aksen representerer verdiene i det andre datasettet. Ofte refereres tallparene til som "koordinater". Det første tallparet som ligger til grunn for scatter-diagrammets visualisering, blir dannet av den første verdien i de to kolonnene (se markering i tabell i figuren). Det neste tallparet dannes av tall nummer to i de to kolonnene. Slik fortsetter det til alle punkter er tegnet inn i diagrammet.

Figur 28 viser et scatter-diagram for variablene "hastighet" og "stopptid". Vi ser at når variabelen "hastighet" øker, så øker også variabelen "stopptid". Rent visuelt ser det her altså ut til å være en (lineær) sammenheng mellom "hastighet" og "stopptid". Scatter-diagrammet kan benyttes til å underbygge mulige årsak/virkning-sammenhenger.

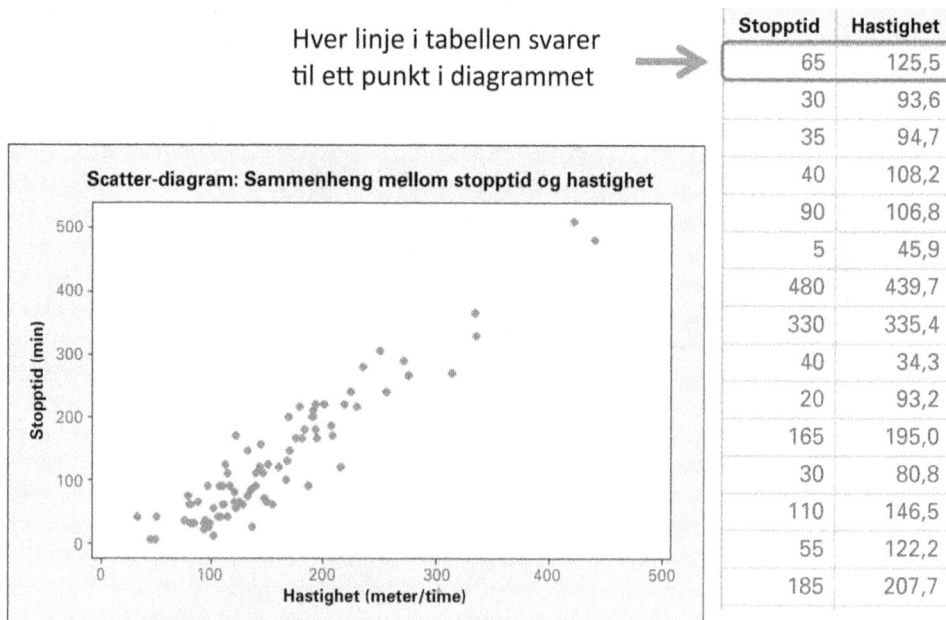

Hver linje i tabellen svarer
til ett punkt i diagrammet

Stopptid	Hastighet
65	125,5
30	93,6
35	94,7
40	108,2
90	106,8
5	45,9
480	439,7
330	335,4
40	34,3
20	93,2
165	195,0
30	80,8
110	146,5
55	122,2
185	207,7

Figur 28. Scatter-diagram – sammenheng mellom to variabler

5.6.3 Paretodiagram

Paretodiagrammet er et faktabasert prioriteringsverktøy. Et eksempel på et paretodiagram vises i figur 29. Den horisontale aksen viser verdiene for en kategorivariabel. Eksempler på slike variabler er farge, avvikstype, produkttype, maskintype, prosesstrinn og kundesegment. Den vertikale aksen til venstre angir normalt antall observasjoner eller forekomster for hver verdi av kategorivariabelen. Stolpene i diagrammet organiseres normalt etter fallende størrelse for å forenkle prioriteringsvurderingen. Den heltrukne grafen som vokser fra venstre mot høyre, er knyttet til den høyre vertikale aksen. Denne viser hvordan summen av observasjonene utvikler seg i prosent for hver ny verdi av kategorivariabelen.

I figur 29 ser vi at avvikstype 3 er registrert 251 ganger, tilsvarende 48,2 % av alle observasjoner. Avvikstype 1 er registrert 120 ganger, tilsvarende 23 %. Om L6S-prosjektet har som målsetting å redusere antall avvik, vil dette paretodiagrammet fortelle at avvikstype 1 og 3 står for 71,2 % av totalt antall registrerte avvik. Kanskje vil L6S-teamet dermed fokusere prosjektet på disse to avvikstypene, og legge dette diagrammet til grunn for prioriteringen.

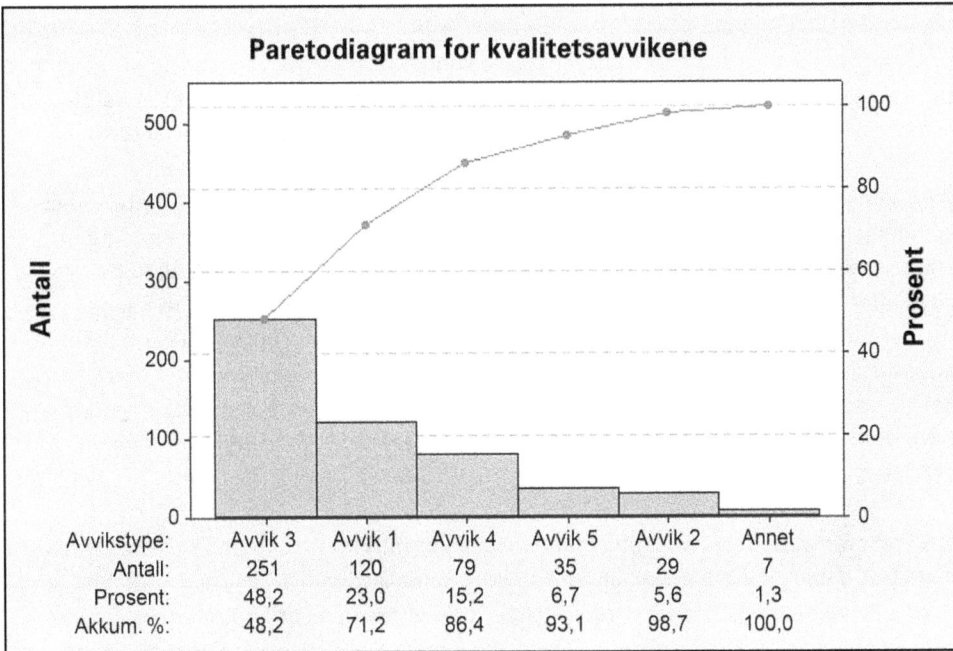

Paretodiagram for kvalitetsavvikene

Avvikstype:	Avvik 3	Avvik 1	Avvik 4	Avvik 5	Avvik 2	Annet
Antall:	251	120	79	35	29	7
Prosent:	48,2	23,0	15,2	6,7	5,6	1,3
Akkum. %:	48,2	71,2	86,4	93,1	98,7	100,0

Figur 29. Paretodiagram – faktabasert prioritering (80/20-regelen)

5.6.4 Individuelt kontrolldiagram

Kontrolldiagrammer er tidsstudier av data. Teorien bak diagrammene beskrives i bøker som omhandler Statistical Process Control (SPC), se for eksempel (Wheeler, 2005). Det finnes mange ulike typer kontrolldiagrammer. I dette kapittelet vil diskusjonen begrenses til det prinsipielle ved kontrolldiagrammer, og i den sammenheng benyttes et individuelt kontrolldiagram som eksempel.

Kontrolldiagrammer gjør det mulig å skille mellom prosessens naturlige, forutsigbare variasjon og variasjon som følge av spesielle hendelser. Sistnevnte variasjonstype identifiseres som mønstre i dataene som er usannsynlige når kun naturlig, tilfeldig variasjon forekommer. Sannsynligvis er det en "enkel" forklaring/årsak til mønsteret.

Figur 30 viser et individuelt kontrolldiagram for mengden øl som tappes fra en øldispenser. Den horisontale aksen er tidsaksen. Den vertikale aksen er verdiaksen. For individuelle kontrolldiagrammer vil hver verdi i diagrammet tilsvare en måleverdi. Figuren viser mengden øl målt i centiliter for hvert glass. Linjen i midten av diagrammet (navngitt som: $\bar{x}$) forteller om gjennomsnittlig mengde øl per glass.

Figuren viser at gjennomsnittet for de tappede ølglassene er på 50,06 cl. De horisontale linjene UCL og LCL kalles for kontrollgrenser og forteller om variasjonen i tallmaterialet. Kontrollgrensene er altså ikke toleransegrensene (kravene) som gjelder for variabelen. Grensenes plassering i forhold til senterlinjen $\bar{x}$ er pluss/minus tre ganger et estimat av standardavviket[26]. Jo større variasjon det er i tallmaterialet, jo lenger fra senterlinjen vil kontrollgrensene befinne seg. Området mellom de to kontrollgrensene definerer variabelens naturlige variasjon. Det vil si at variabelen kan forventes å ha måleverdier som ligger mellom disse to linjene. Det er derfor ikke noen grunn til å reagere på enkeltverdier i dette området. Om måleverdiene er uavhengige av hverandre og normalfordelt, vil verdiene med 99,73 % sikkerhet ligge mellom kontrollgrensene. Verdier utenfor kontrollgrensene er usannsynlige. De antas derfor ikke å være resultat av naturlig variasjon, men en følge av en spesiell hendelse. I figur 30 er det markert en slik verdi i punktet som er er merket med "1". Om en velger å undersøke hva som førte til denne verdien, vil en med stor sannsynlighet kunne finne en forklarende hendelse/årsak.

SPC-programvare vil normalt inneholde funksjoner (filtere) for å identifisere flere ulike mønstre i dataene som sannsynligvis ikke er en følge av tilfeldig variasjon. Variabler som viser slike mønstre, kalles for ustabile. Ustabile fordi en ikke har kontroll med variasjonen. Variasjonen er ikke forutsigbar. Det viktig å merke seg at selv om en variabel er stabil, betyr det ikke nødvendigvis at ytelsen er god. Ytelsen kan godt være stabilt "dårlig". Variabelens ytelse måles ofte i forhold til toleransegrensen(e). Toleransegrensene kan tegnes inn i kontrolldiagrammet, og gir mulighet til visuelt å vurdere tallmaterialets beliggenhet og variasjon i forhold til krav. Prosessforbedringsaktiviteter bør først ha som

---

26 Dette estimatet er et midlere standardavvik av korttidsvariasjonen/utvalgsvariasjonen.

mål å fjerne de spesielle hendelsene for å oppnå forutsigbarhet (stabilitet). Når dette målet er nådd, kan forbedringsaktivitetene fokusere på å redusere variasjonen og flytte beliggenheten.

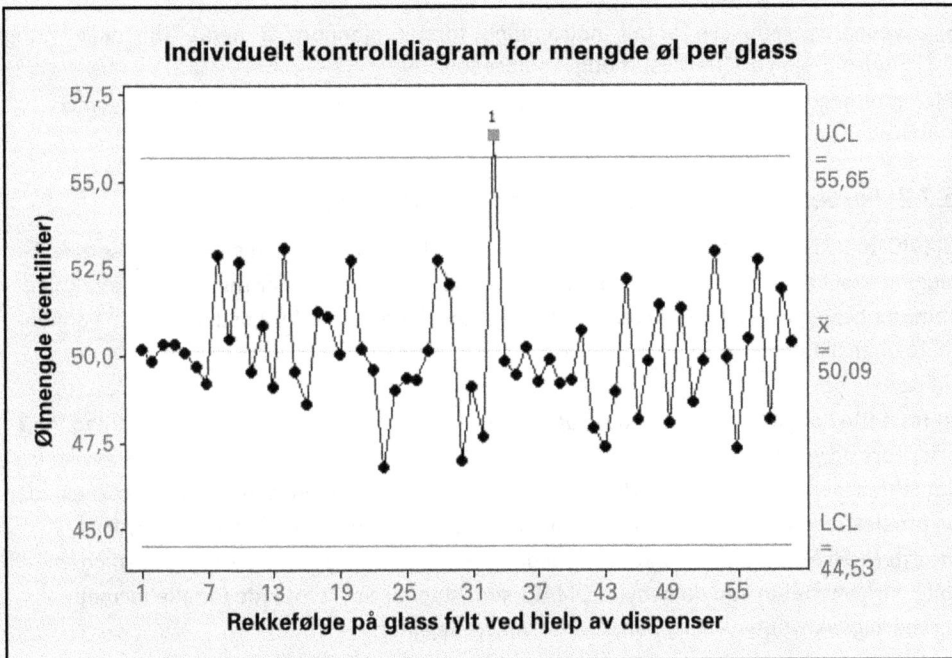

Figur 30. Individuelt kontrolldiagram

5.7 Merknader

5.7.1 Eksperimentell forsøksdesign

Om det er viktig å bygge opp en faktabasert forståelse av årsak/virkning kan eksperimentell forsøksdesign være en aktuell tilnærming. Forsøksdesign er test- og analysemetoder for å:

- Forstå hvordan ulike faktorer i sitt samspill påvirker en eller flere egenskaper ved en prosess eller et produkt.

- Finne frem til hvilken kombinasjon av faktorverdiene som gir det "beste" resultatet for en valgt egenskap.

- Vesentlig redusere antall nødvendige forsøk gjennom å hente ut mest mulig informa-sjon av "færrest mulig" måleresultater.

Mer informasjon om dette finnes i (Bergman, 1992), (Rath and Strong, 2004) og (Montgomery, 2009).

5.7.2 Forbedringer uten faktabaserte beslutninger

DMAIC-metoden er i utgangspunktet en faktabasert metode, der tall og/eller prosesskartlegging skal benyttes for å styrke antakelser om årsak/virkning. For mange årsak/virkning-sammenhenger kan denne tilnærmingen være for tidkrevende, for kostbart eller på annen måte uhensiktsmessig.

Ut fra dette bør virksomheten tillate at L6S-prosjekter bruker votering som grunnlag for å prioritere og velge årsak/virkning-sammenhenger. Om et L6S-prosjekt ønsker å avvike fra det faktabaserte sporet og benytte votering, skal dette godkjennes av både prosjektveileder og prosjekteier. Om votering tillates (slik det foreslås i denne boka) som verktøy for å prioritere årsaker, vil DMAIC kunne standardiseres som en generell problemløsningsmetode. Virksomheten kan da benytte DMAIC som standardisert metode for alle formelle forbedringsaktiviteter – ikke bare forbedringsprosjekter.

5.7.3 Bruk av prosesskart allerede i define-fasen

Det er ikke uvanlig at et prosjektteam gjennomfører en helhetlig prosesskartlegging ved hjelp av flytskjemaer allerede i define-fasen. Dette vil for eksempel kunne være hensiktsmessig i tilfeller der prosjektteamets medlemmer har varierende kunnskap om prosessens ende til ende-flyt. En felles kartlegging i define-fasen vil da virke forankrende, og bidra til at alle løftes opp på samme nivå når det gjelder kunnskap om den helhetlige prosessen.

5.7.4 Felles rotårsaker til flere direkteårsaker

Samme rotårsak kan finnes under flere direkteårsaker i samme fiskebeinsdiagram.
Grunnen til dette er at en gitt årsak kan ha flere konsekvenser, og dermed være utgang-
punkt for flere årsak/virkning-kjeder (figur 31).
Tiltak for å redusere eller fjerne en rotårsak vil dermed kunne få en positiv konsekvens
for flere direkteårsaker i samme fiskebeinsdiagram.

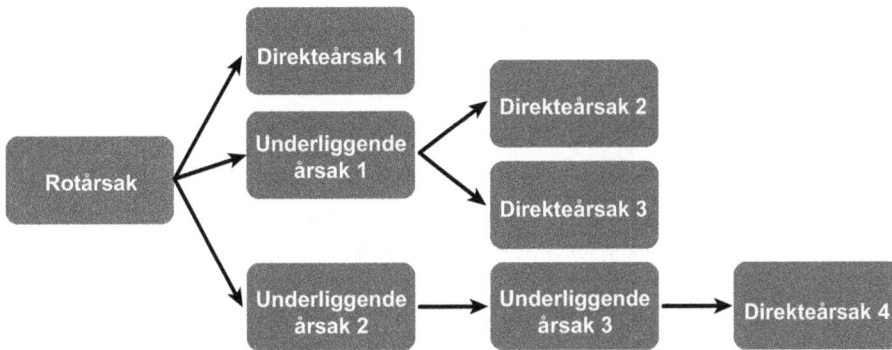

Figur 31. Rotårsaker og konsekvenser

5.7.5 Standardisering av årsaksbeskrivelser

I virksomheter som gjennomfører mange L6S-prosjekter, kan det være hensiktsmessig
å gi forslag til standardiserte beskrivelser av årsaker som forekommer ofte. Bruk av
standardiserte årsaksbeskrivelser kan gi bedret lesbarhet av fiskebeinsdiagram og bedret
felles forståelse av årsak/virkning.

Eksempler på standardiserte årsaksbeskrivelser er:

- for sen oppstart
- for lang gjennomløpstid
- for lang gjennomføringstid
- har ikke prosedyrer (for ...)
- følger ikke prosedyrer (for ...)
- ingen har ansvaret (for ...)
- mangelfull kunnskap (om ...)
- mangelfull opplæring (i ...)
- mangelfulle målinger (av ...)
- mangelfull planlegging (av ...)
- mangelfullt vedlikehold (av ...)

5.7.6 Når deltakerne vil snakke om løsninger og ikke om årsaker

Noen prosjektteam vil oppleve at det er tungt å kartlegge årsak/virkning fordi deltakerne kun er åpne for å snakke om løsninger. En måte å håndtere dette er å la deltakerne foreslå og diskutere løsninger før kartleggingen starter. Motivasjonen og engasjementet kan forventes å være mye bedre etter dette. Rotårsakene må identifiseres og forstås for å:

- vurdere alternative løsninger
- vurdere om løsningene er tilstrekkelige når det gjelder å fjerne eller vesentlig redusere problemet
- vurdere om løsningene er tilstrekkelige for å sikre varighet (at problemet ikke dukker opp igjen)
- vurdere sammenhenger mellom årsaker
- unngå å lage løsninger for symptomer i stedet for rotårsaker
- kunne utvikle og sette inn kontrollerende barrierer og deteksjonsmekanismer på årsaksnivå og ikke på hendelsesnivå (etter at skaden har skjedd)
- vurdere andre uønskede konsekvenser av årsakene

5.7.7 Unngå diffuse årsaker og syndebukkmentalitet

Under kartleggingen av årsaker må prosjektteamet være forberedt på å få årsaksformuleringer som er diffuse eller som kan oppfattes som uthenging av personer. Eksempler på slike formuleringer kan være "dårlig kultur", "dårlig motivasjon", "dårlig holdning", "dårlig ledelse" og "kjedelig arbeid". Det er ikke bra for kommunikasjonen at prosjektteamet benytter slike årsaksformuleringer i fiskebeinsdiagrammet. Mindre anklagende og ikke så negativt ladede adjektiver bør derfor benyttes. For de angitte årsakene vil for eksempel "mangelfull" være et bedre alternativ. Diffuse årsaksbeskrivelser må diskuteres, forstås og konkretiseres. Et eksempel er formuleringen "dårlig ledelse". Prosjektteamet bør finne ut hva som ligger bak denne formuleringen ved å stille spørsmål som:

- Hva menes konkret med "dårlig ledelse"?
- Hva er de synlige egenskapene ved den "dårlige ledelsen"?
- Hva ville vært annerledes om det hadde vært "god ledelse"?

Eksempler på svar som kan komme i denne sammenheng er:

- Lederen involverer oss ikke.
- Lederen er sjelden til stede.
- Lederen involverer seg ikke i våre problemstillinger.
- Lederen fokuserer på det negative og gir lite ros.
- Lederen bruker for lang tid på beslutningene.
- Lederen tar ikke tak i konflikter.
- Lederen har mangelfull kunnskap.

Disse svarene kan igjen danne grunnlag for nye spørsmål og føre frem til mer entydige og hensiktsmessige årsaksformuleringer.

5.7.8 "5 x hvorfor"

Veien fra direkteårsaker via underliggende årsaker til rotårsaker starter med direkte-årsaken og spørsmålet "hvorfor"? Svaret på spørsmålet vil være en eller flere underlig-gende årsaker. Spørsmålet "hvorfor" gjentas deretter for hver av de underliggende årsakene. Slik fortsetter det inntil teamet har kommet frem til meningsfulle rotårsaker. For hver direkteårsak vil en kunne få en hel trestruktur av underliggende årsaker og rotårsaker. Den gjentagende måten å spørre "hvorfor" kalles i litteraturen for *"5 x hvorfor"*. "5" fordi en i prinsippet skal spørre "hvorfor" på inntil fem årsaksnivåer før en kommer til rotårsakene.

Notater

Notater

Notater

6 Identifisere løsninger og implementere (Improve)

Den viktigste leveransen i measure/analyse-fasen var de antatt viktigste rotårsakene til mangelfull ytelse for de prioriterte variablene (CTQ-ene). I improve-fasen har prosjektteamet følgende leveranser før prosjekteier og eventuelt styringsgruppe godkjenner implementering av løsninger:

a) alternative og anbefalte løsningsforslag for alle prioriterte rotårsaker

b) hvilke kriterier og vektlegging som er lagt til grunn for anbefaling av løsningsforslagene

c) risiko- og konsekvensvurderinger for nye løsninger

d) hvilke forbedringer som ventes

e) oppdatert fremdriftsplan

f) oppdatert business case

Leveransene skal beskrives i prosjektets storyboard.

Implementeringen av løsningene er også en del av improve-fasen. Omfanget kan være så stort at implementeringen bør gjøres som et eget prosjekt med egen ansvarlig prosjektleder. Det opprinnelige L6S-teamet skal likevel være ansvarlig for sluttføringen i tråd med DMAIC-metoden.

6.1 Fremgangsmåten i forbedringsfasen (Improve)

De prinsipielle trinnene i forbedringsfasen er illustrert i figur 32. Det er viktig å merke seg at selv om trinnene er listet opp sekvensielt, vil det, avhengig av prosjekttype, kunne være aktuelt å gjøre flere av trinnene parallelt og/eller
i en annen rekkefølge.

Eksempelvis vil sekvensen 1, 2, 3, 6, 4, 7, 5, 6, 8 kunne være aktuell. Trinn 6 vil da gjøres to ganger. Først på løsningsskisser og senere på detaljerte løsninger.

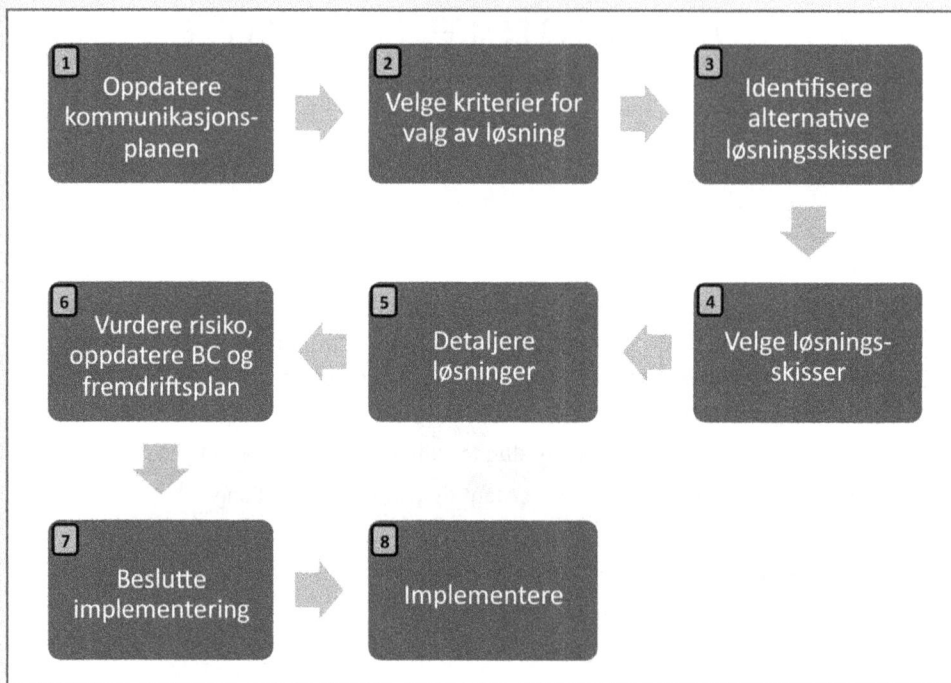

Figur 32. Trinnene i improve-fasen

Trinn 1. Oppdatere kommunikasjonsplanen

Langt de fleste forbedringsprosjekter vil foreslå løsninger som krever "myke" endringer. Med dette menes endringer i blant annet ledelse, ansvar, rutiner og samarbeid. For å sikre prosjektets fremdrift og suksess er det derfor viktig at prosjektet starter arbeidet i improve-fasen med en ny interessentanalyse og oppdatert kommunikasjonsplan. Gjennomgangen kan bety økt fokusering på kommunikasjon og aktiv involvering av enda flere personer. Prosjektets veileder har et særlig ansvar for å sikre at dette arbeidet gjøres.

Trinn 2. Velge kriterier med vekting

Før prosjektteamet starter arbeidet med å identifisere alternative løsninger, bør kriteriene for valg av løsninger identifiseres og vektlegges. Tidlig identifisering av kriteriene vil også føre til en avgrensing av hvilke løsningstyper som er aktuelle å foreslå.

Vanlige kriterier ved valg av løsninger er:

- Virkning/effekt av tiltakene med hensyn til variabelene (CTQ-ene) som skal forbedres
- Kundegevinst
    - For eksempel bedret kvalitet, bedret service, redusert ledetid osv.
- Implementeringstid
- Økonomiske gevinster for virksomheten
    - For eksempel økt salg, lavere kost, redusert kapitalbinding, bedret likviditet osv.
- Kostnadene ved implementering
- Kompleksitet
- Risiko for at løsningene ikke fungerer etter hensikten
- Forankring av og aksept for løsningene hos ledelse og ansatte

Brainwriting (kapittel 4.2.4.1) kan benyttes som verktøy for å identifisere kriterier. Vektingen av kriteriene kan gjøres ved hjelp av kriteriematrisen (tabell 10). Prosjektet må innhente synspunkter og krav til kriterier og vekting fra prosjekteier og eventuelt styringsgruppen.

Fremgangsmåten for identifisering av kriterier, vekting av kriterier og valg/prioritering blant alternativer er beskrevet i kapittel 6.3.

Trinn 3. Identifisere alternative løsningsskisser

I dette trinnet skal prosjektet identifisere alternative løsningsskisser for de prioriterte rotårsakene. Med skisser menes overordnede, prinsipielle løsninger. Det kan godt være slik at én løsning fjerner/reduserer flere årsaker. De valgte løsningene skal beskrives i detalj senere. Alternative løsninger skal vurderes fordi virksomheten ønsker at prosjektteamet gjør et grundig arbeid for å finne frem til de totalt sett beste løsningene. Kravet om å vurdere alternativer innebærer at teamet må være kreative og tenke nytt. I arbeidet med løsninger kan det være nyttig å skille på alternativer på kort sikt og lang sikt.

Det finnes en rekke kreativitetsverktøy for å identifisere løsninger (Tennant, 2005), (GOAL/QPC, 1998). Brainwriting (kapittel 4.2.4.1) og brainwriting 6-3-5 (kapittel 6.2) er de to kreativitetsverktøyene som foreslås i denne boka.

Løsningsalternativene skal angis i prosjektets storyboard.

I noen prosjekter vil standardiserte Lean-metoder kunne benyttes for å redusere/fjerne de prioriterte årsakene. To slike metoder er beskrevet i kapittel 8.2 og 8.3.

Trinn 4. Velge løsningsskisser

Ideelt sett har prosjektet på dette tidspunkt et utvalg med mulige løsninger for hver av de prioriterte årsakene[27]. Før beslutningsprosessen starter, bør det for hvert alternativ gjøres overordnede vurderinger av kostnader, forventet forbedring, gevinster, implementeringstid, konsekvenser og risiko (kapittel 6.5 og 6.6). Disse vurderingene vil benyttes for å prioritere alternativene. Kapittel 6.3 beskriver hvordan denne prioriteringen kan gjøres ved hjelp av en kriteriematrise og en prioriteringsmatrise. Prosjektets anbefaling skal sammen med beslutningsunderlaget (kriteriene og vektingen av disse) angis i prosjektet storyboard.

Det endelige valget av løsninger kan gjøres på følgende måter:

- Enerådende (unilateralt): Beslutningstaker gjør sine egne vurderinger og beslutter alene.
- Konsulterende: Beslutningstaker diskuterer teamets resultater og beslutter alene.
- Team: Prosjektteamet og beslutningstaker gjør vurderinger og beslutter sammen.

Trinn 5. Detaljere løsninger

De valgte løsningene må detaljeres til et hensiktsmessig nivå for at prosjektet i neste trinn skal kunne gjøre ytterligere risikovurderinger og foreta nødvendige oppdateringer av fremdriftsplanen og business caset. En trestruktur er et godt verktøy for å dekomponere og visualisere detaljene i løsningene. Også på detaljnivå gjelder det at alternativer bør vurderes.

Figur 33 viser et eksempel der løsningen er en ny prosess for håndtering av inngående fakturaer. Trestrukturen viser hva som skal gjøres. Et funksjonsflytdiagram kan brukes for å konkretisere flyten i prosessen. Prosjektteamet må ta ansvar for at løsningene er komplette og at alle praktiske detaljer i forbindelse med anskaffelse og installering er ivaretatt.

---

27 Om det bare er én løsning, er denne fremkommet etter felles innsats for å vurdere alternativer.

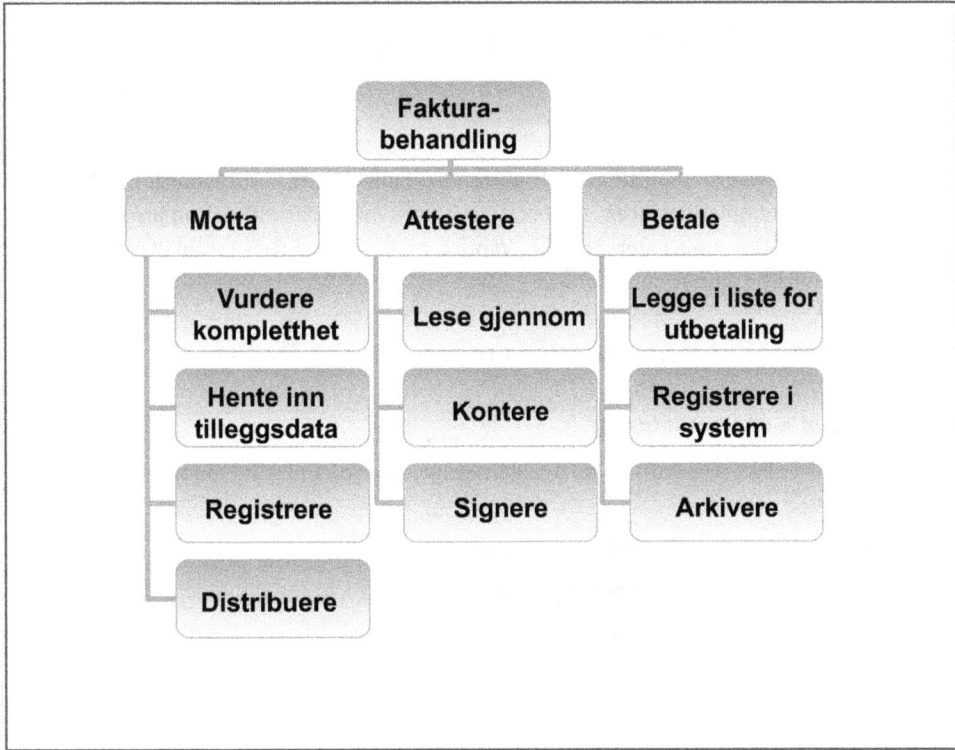

Figur 33. Trestruktur for detaljering av løsninger

Trinn 6. Vurdere risiko, oppdatere business caset og fremdriftsplanen

Med utgangspunkt i de detaljerte løsningene skal prosjektet revidere business case og fremdriftsplan.

For å sikre at det ikke oppstår uønskede konsekvenser av løsningene, bør det gjøres en detaljert risikoanalyse[28]. Resultatet av analysen skal inkluderes i storyboardet. Om risikoanalysen ikke gjennomføres, skal dette avklares med prosjekteier og prosjektveileder, og begrunnelsen angis i storyboardet. Vanlige risikoperspektiver for analysen er HMS, økonomi, fremdrift, kvalitet og renommé.

Kapitlene 6.5 og 6.6 beskriver to verktøy for risikoanalyse.

Trinn 7. Beslutte implementering

Underlaget for endelig beslutning om implementering er på dette tidspunktet beskrevet i storyboardet og omfatter:

1   beskrivelse av alternative løsningsskisser

2   kriterier for valg med vektlegging

3   hvilke løsninger som anbefales

4   oppdatert fremdriftsplan

5   oppdatert business case

6   forventede forbedringer

7   risikoanalyse med risikoreduserende tiltak

Prosjekteier og eventuelt styringsgruppen skal godkjenne implementeringen på dette grunnlaget. En formell og kommunisert beslutning vil gjøre det enklere for prosjekt-teamet å gjennomføre de forestående endringene. For å holde momentet og motivasjonen til prosjektet oppe er det viktig at beslutningen fattes kort tid etter at beslutningsunderla-get er klargjort. Prosjektleder og prosjektveileder bør derfor, i god tid før ferdigstilling av beslutningsunderlaget, jobbe aktivt med prosjekteier og eventuelt styringsgruppe for å berede grunnen for rask og positiv behandling.

Trinn 8. Implementere

Implementeringen av løsningene er den avsluttende hovedaktiviteten i improve-fasen. Om omfanget er stort, kan det vurderes om implementeringen bør gjøres som et antall koordinerte delprosjekter med tett oppfølging.

Om prosjektteamet er avhengig av andre for å implementere løsningene, må teamet planlegge med egen hands-on-deltakelse og støtte fra første dag. Ingen planer er uten mangler, så prosjektet må være forberedt på å gjøre løpende tilpasninger og endringer.

---

28   Risikoanalyse av foreslåtte nye løsninger bør være obligatorisk i Lean Six Sigma-prosjekter.

6.2 Brainwriting 6-3-5

Brainwriting 6-3-5 gjennomføres nesten på samme måte som vanlig brainwriting (4.2.4.1). Forskjellen mellom de to teknikkene ligger i at alle som deltar i brainwriting 6-3-5, skal komme med to til tre ideer/forslag. Metoden virker således mer "drivende" og engasjerende enn vanlig brainwriting. Teknikken krever at alle deltakerne har kompetanse som gjør at de kan bidra med forslag. Brainwriting 6-3-5 kan med fordel brukes dersom deltakerne ikke er vant til å bidra med sine synspunkter og i utgangspunktet ønsker å være passive. For å organisere ideene som kommer frem kan møteleder visualisere en stor tabell på en tavle eller via en projektor. Tabell 9 under er et eksempel på en slik tabell. Med utgangspunkt i forslagene kan deltakerne diskutere og eventuelt prioritere forslagene. Til slutt: Tallene 6-3-5 betyr at "6 personer skal hver generere 3 ideer i løpet av 5 minutter". Du som interessert leser forstår sikkert at brainwritingen kan fungere like godt med andre tallstørrelser.

Navn	Idé 1	Idé 2	Idé 3
Person 1			
Person 2			
--			
--			
--			
Person 6			

Tabell 9. Brainwriting 6-3-5

6.3 Bruk av kriteriematrise og prioriteringsmatrise i beslutningsprosesser

Om beslutningsprosessen ikke er avtalt vil den kunne ta unødvendig lang tid, skape irritasjon blant deltakere og interessenter. Dette kapittelet beskriver en formell, trinnvis beslutningsprosess der følgende gjelder:

- Det skal velges blant flere alternativer (eller: ulike alternativer skal prioriteres).
- Det er flere kriterier som ligger til grunn for valg av alternativ.

På grunn av prosessens "faktabaserte" tilnærming vil uenigheter om sluttresultatet kunne tilbakeføres til punkter i prosessen der meningsforskjellene er størst. Diskusjoner og innhenting av tilleggsinformasjon kan da fokuseres på disse punktene. Basert på ny kunnskap kan deltakerne endre sine vurderinger og dermed føre til et nytt sluttresultat. Prosessen fungerer dårlig om deltakerne har prinsipielle og/eller politiske føringer som påvirker vurderingene.

Kriteriematrisen og prioriteringsmatrisen er de to sentrale verktøyene som benyttes i beslutningsprosessen. I tillegg til å prioritere løsningsalternativer i L6S-prosjekter kan beslutningsprosessen for eksempel benyttes ved:

- prioritering ved plassering av ny fabrikk, ny avdeling og ny klinikk
- prioritering av personer i forbindelse med rekruttering
- prioritering av personer i forbindelse med nedbemanning
- prioritering av leverandører
- prioritering av produkter
- prioritering av kunder

Fremgangsmåte for beslutningsprosessen:

Figur 34 viser trinnene i den formelle beslutningsprosessen. Input til prosessen er alternativer.

Figur 34. Beslutningsprosessen

Trinn 1: Identifiser kriterier

Kriteriene er variabler som skal ligge til grunn for prioriteringen. Disse kan identifiseres ved hjelp av brainwriting (kapittel 4.2.4.1) eller brainwriting 6-3-5 (kapittel 6.2). De som skal fatte beslutningen om endelig valg/prioritering, må være med og velge kriteriene. Vanlige kriterier for prosessforbedringsprosjekter er angitt i kapittel 6.1.

Trinn 2: Vektlegg kriteriene

De ulike kriteriene er normalt ikke like viktige for den endelige prioriteringen. Hvert kriterium må derfor vektlegges. Vektleggingen gjøres ved at alle deltakerne i prosessen får en poengsum som de fordeler på kriteriene. Veiefaktorene beregnes som summen av poengene til de enkelte deltakerne. Viktigheten til et kriterium øker med økende veiefaktor. Dette er illustrert i tabell 10. Her har hver av de tre deltakerne Ina, Per og Ole fordelt ti poeng på de ulike kriteriene. Poengsummene i siste kolonne viser teamets felles vurdering av kriterienes viktighet. Denne kolonnen tas med i prioriteringsmatrisen i neste trinn. Figur 35 viser strukturen i prioriteringsmatrisen og koplingen til kriteriematrisen.

Kriterium	Per	Ina	Ole	Sum
Vanskelighetsgrad for implementering		1	2	3
Kostnad	3	3	3	11
Virkning (CTQ)	3	5	5	13
Kundeeffekt	2	1		3
	10	10	10	30

Tabell 10. Eksempel på kriteriematrise

Trinn 3: Individuell prioritering

Den enkelte deltaker gjennomfører nå sin egen vurdering av alternativene ved å fylle ut de tomme feltene i prioriteringsmatrisen. Dette gjøres uten diskusjoner og samarbeid med de andre deltakerne. For å få spredning i avstemmingsresultatene er det vanlig å benytte tallene 1, 5 og 9 i cellene.

Det er viktig å merke seg at alle kriteriene er beskrevet med tydelig polaritet ("lett", "lav", "stor"). Polariteten skal sikre at alle deltakerne gjør sine vurderinger med samme referanse. Tallet som skrives inn i en gitt celle, forteller "i hvilken grad alternativet møter kriteriet i respektive kolonner". Eksempelvis skal hver deltaker i øverste hvite celle i kolonne to angi i hvilken grad de mener at løsning A er lett å implementere. Et høyt tall (9) forteller at løsningen vurderes som "lett å implementere". Et lavt tall (1) vil tilsvarende bety at løsning A vurderes som "vanskelig å implementere".

Kriterium	Per	Ina	Ole	Sum
Vanskelighetsgrad for implementering		1	2	3
Kostnad	5	3	3	11
Virkning (mht. CTQ)	3	5	5	13
Kundeeffekt	2	1		3
	10	10	10	30

Merk polaritet for kriteriene

Løsning	Lett å implementere 3	Lav kostnad 11	Stor virkning 13	Stor kunde-effekt 3	SUM
A					
B					
C					

Figur 35. Kriteriematrise med kopling til prioriteringsmatrisen

Trinn 4: Felles prioritering

Figur 36 viser hvordan de individuelle prioriteringsmatrisene til henholdsvis Ina, Ole og Per kombineres i en felles matrise. Legg merke til at møteleder skriver inn alle de individuelle avstemmingsresultatene i den oppsummerende matrisen til høyre. Dette gjøres for senere å kunne finne frem til og diskutere store avvik i stemmegivingen. Kolonnen merket "sum" angir teamets prioriteringer. Høyeste sum peker på høyeste prioritet.

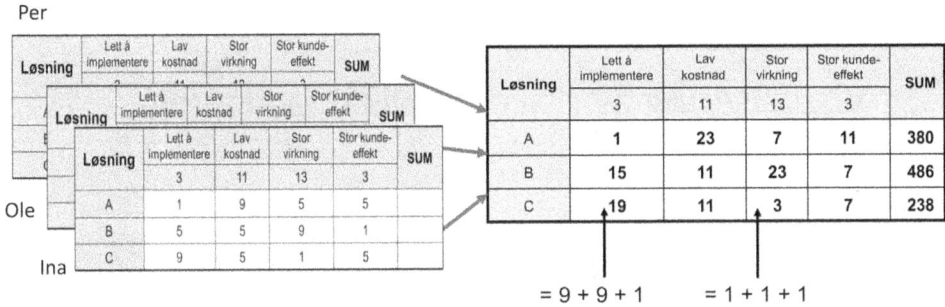

Figur 36. Oppsummering av individuelle prioriteringsmatriser

Trinn 5: Diskutere og beslutte

Beslutningsprosessen skal ikke være en ren "matematisk øvelse". Tallene reflekterer bare subjektive synspunkter. Deltakerne må derfor diskutere alle tallstørrelser for å fange opp misforståelser og feil. Om det er uenigheter om avstemmingsresultatet, kan delta-kerne finne frem til cellene i kriterie- og prioriteringsmatrisen med de største avvikende oppfatningene og fokusere på disse. Teamet bør i dette arbeidet vurdere å hente inn tallmateriale og annet underlag for bedret beslutningsstøtte. På denne måten kan diskusjonen objektiviseres, og underlaget oppdateres basert på ny, felles kunnskap. I den avsluttende gjennomgangen kan deltakerne også vurdere om det er kriterier som er uteglemt.

Basert på prioriteringsmatrisens resultat fattes en endelig beslutning. Ulike beslutnings-former ble introdusert i kapittel 6.1. Formen bør avtales ved oppstart av beslutningspro-sessen slik at det ikke kommer som en overraskelse på deltakerne mot slutten.

6.4 Visuell prioritering med utgangspunkt i tre kriterier

Om en prioritering skal gjøres med utgangspunkt i tre like viktige kriterier, kan fremstillingen i figur 37 være aktuell. Figuren har to kriterieakser, i dette tilfellet representerer aksene markedsrisiko og teknologirisiko. Det siste kriteriet er kostnad og er visualisert som størrelsen på ringene i figuren. Med utgangspunkt i dette bildet kan de ulike alternativene diskuteres og prioriteres.

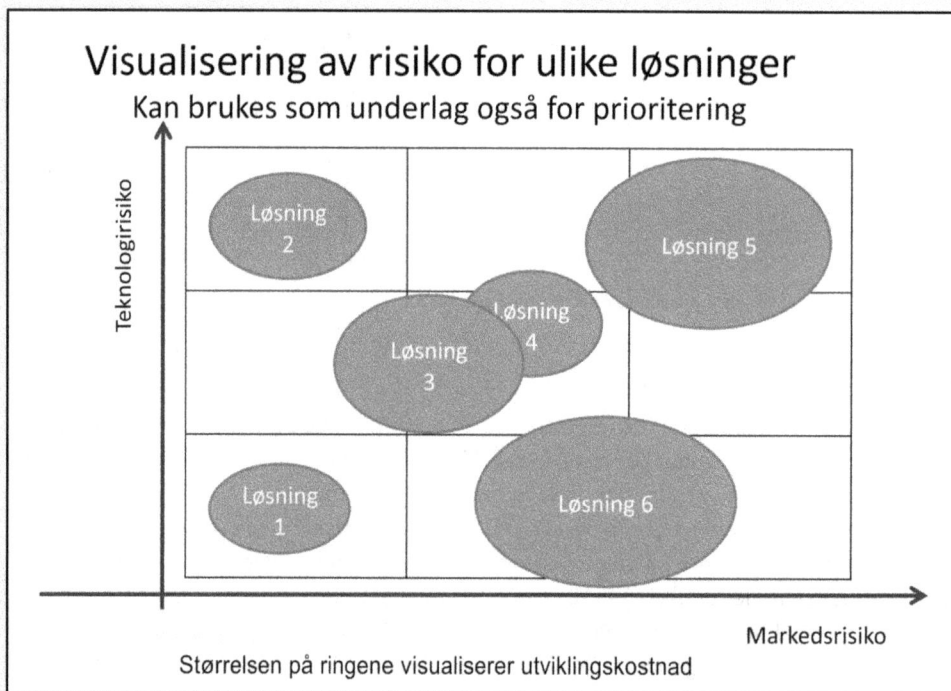

Figur 37. Vurdering av teknologi-/markedsrisiko ved løsninger

6.5 Risikoanalyse ved hjelp av FMEA

Ikke sjelden er det slik at planlagte endringer i virksomheten får uheldige, uforutsette konsekvenser ved implementering. Grunnen kan være mangelfull kunnskap om årsak/virkning og manglende risikoanalyse i forkant av endringene. Alle Lean Six Sigma-prosjekter skal som hovedregel gjennomføre en formell, teamorientert behandling av risiko før beslutning fattes om implementering av løsninger.

FMEA (failure mode and effect analysis) er et hyppig brukt risikoverktøy. Fordelen med dette verktøyet er:

- Det gir mulighet for å bruke samme verktøy til å behandle risiko for både produkter, prosesser, systemer, arbeidsområder osv.
- Det gir mulighet for en faktabasert tilnærming til risikoanalysen.
- Det gir mulighet for å fokusere risikobehandlingen der risikoen vurderes som størst.
- Det gir mulighet for en hierarkisk tilnærming til de viktigste risikoområdene.
- Det gir mulighet for å behandle ulike risikotyper atskilt (eksempelvis: kvalitet, fremdrift, finansielt, HMS osv.).
- Det gir mulighet for å behandle flere hendelser, flere årsaker og flere konsekvenser per delprosess, delprodukt, delsystem og delområde.

Vi antar i dette kapitlet at risikoanalysen gjelder en prosess. Tilsvarende tilnærming vil gjelde for produkter, systemer og arealer/områder.

Risikoanalysen kan identifisere mulige uønskede konsekvenser også utenfor den prosessen som behandles. For å støtte arbeidet med denne typen konsekvenser er det er fordel å tegne opp helhetlig bilde av alle relevante prosesser, systemer og verdikjeder.

FMEA-tilnærmingen krever at prosessen er visualisert som delprosesser og aktiviteter, gjerne ved hjelp av SIPOC og flytskjemaer. Delprosesser og aktiviteter gis et unikt (systematisk) nummer som vil brukes i FMEA-skjemaet. For omfattende prosesser kan det være nødvendig med en hierarkisk tilnærming til risikoanalysen. Risikoen vil da først vurderes på overordnet nivå (SIPOC-nivå). Resultatet vil peke ut delprosessene med størst risiko. FMEA kan deretter gjennomføres på ny med utgangspunkt i mer detaljerte flytskjemaer for de prioriterte delprosessene.

Det er viktig at risikovurderingene gjøres i tett samarbeid med medarbeiderne og lederne i prosessen.

Figur 38 under viser strukturen i et FMEA-skjema. Matrisen fylles normalt ut linje for linje, fra venstre mot høyre. FMEA-gjennomføringen er beskrevet i tabell 11. Resultatet av risikoanalysen er ett tall i kolonnen RPN (risikoprioriteringsnummer). Jo større dette tallet er, jo viktigere er det å behandle risikoen.

I litteraturen, for eksempel (Rath and Strongs, 2006), er det ofte angitt forslag til standardi-serte skalaer med tall fra 1 til 10 for vurdering av henholdsvis alvorlighet, hyppighet og sannsynlighet for å oppdage hendelsen. I en del tilfeller er de standardiserte skalaene ikke hensiktsmessige. Det kan være for mange nivåer, og/eller at beskrivelsene ikke er relevante for prosessen som skal analyseres. Teamet som skal gjennomføre risikoanalysen, bør i slike tilfeller lage egne skalaer som er lette å forstå. I de fleste tilfeller vil det da være tilstrekkelig med fem nivåer på skalaene. Tabell 12 illustrerer dette. Tabell 13 viser en tilpasset skala for en produksjonsprosess. Tabell 14 viser en tilpasset skala for en støpeprosess.

Dersom standardskalaer fra 1–10 benyttes i FMEA, sier teorien at linjer med RPN større eller lik 100 skal behandles. Teorien sier videre at linjer med alvorlighet (ALV) større eller lik 9 skal behandles. Når risikoreduserende tiltak er gjennomført, skal risikoanalysen gjentas for å avgjøre om risikoen er kommet ned på et akseptabelt nivå.

1	2	3	4	5	6	7	8	9	10	11
Nr. på aktivitet/ produktdel	Mulig hendelse	Mulig konsekvens	A L V	Mulige årsaker	H Y P	Kontroll-mekanismer	D E T	R P N	Anbefalte tiltak	Ansvarlig
								0		
								0		
								0		
								0		
								0		
								0		
								0		
								0		

Figur 38. FMEA-skjema

Kolonne	Forklaring
1	Angi hvilket prosesstrinn (nr.) som behandles.
2	Angi hva som kan skje (mulig hendelse) i prosesstrinnet. Dersom det er flere enn én hendelse, bruk flere linjer.
3	Angi mulig konsekvens av hendelsen. Dersom flere mulige konsekvenser, bruk flere linjer.
4	Angi tall som forteller om alvorlighet (ALV = Alvorlighet) for konsekvensen.
5	Angi mulige årsaker til hendelsen. Dersom flere mulige årsaker, bruk flere linjer.
6	Angi tall som forteller hvor ofte hendelsen (alternativt årsaken) opptrer (HYP = Hyppighet).
7	Angi planlagte eller eksisterende kontrollmekanismer som skal sikre at hendelsen (alternativt årsaken) oppdages. Se kommentar i avsnitt "Tips i forbindelse med FMEA".
8	Angi tall som forteller om sannsynligheten (DET = Detektere) for å oppdage hendelsen (alternativt årsaken).
9	Multipliser tallene i kolonne ALV, HYP og DET. Resultatet kalles et risikoprioritetsnummer (RPN) som gir en prioritetering av risikoen.
10	Angi anbefalte tiltak for å unngå hendelser og konsekvenser (for eksempel fjerne årsaker, innføre kontrollmekanismer).
11	Angi hvem som er ansvarlig for implementering av tiltak.

Tabell 11. Trinnvis gjennomføring av FMEA

Gradering	Alvorlighet	Hyppighet	Deteksjon
5	Svært alvorlig	Skjer ofte	Vil ikke oppdages
4			
3			
2			
1	Ubetydlig	Skjer nesten aldri	Vil oppdages

Tabell 12. Tilpassede skalaer for FMEA

Gradering	Alvorlighet	Hyppighet	Deteksjon
5	Maskinhavari	> 30 %	0–20 %
4	Skade på maskin	1–30 %	20–40 %
3	Driftsstans >15min	0,1–1 %	40–60 %
2	Driftsstans <15min	0,01–0,1 %	60–80 %
1	Vil ikke merkes	< 0,01 %	80–100 %

Tabell 13. Eksempel på tilpasset FMEA-skala for vurdering av risiko for driftsstans i en industriell produksjons-prosess

Alvorlighet

Angi hvor alvorlig konsekvensene av avviket er

5	Må rive veggen og støpe på nytt
4	Må pigge vekk eller pusse deler av veggen
3	Må sparkle eller slipe små områder av veggen
2	Må foreta normal kvist og flekk
1	Må ikke etterbehandles

Hyppighet

Angi hvor ofte avviket oppstår

5	Svært ofte	Flere enn 15 avvik per 10 sjaktvegger
4	Ofte	10–14 avvik per 10 sjaktvegger
3	Av og til	5–9 avvik per 10 sjaktvegger
2	Sjelden	2–4 avvik per 10 sjaktvegger
1	Svært sjelden	Færre enn 2 avvik per 10 sjaktvegger

Deteksjon

Angi sannsynligheten for å oppdage avviket før betongen har herdet

5	Avviket oppdages ikke
4	Avviket oppdages ved en tilfeldighet
3	Avviket oppdages når sjekklisten fylles ut
2	Avviket oppdages gjennom egenkontroll
1	Avviket er åpenbart og vil bli oppdaget

Tabell 14. Eksempel på tilpasset FMEA-skala for vurdering av avviksrisiko i en støpeprosess

Tips i forbindelse med FMEA:

- Fokuser på én type risiko innenfor ett FMEA-skjema. Dersom flere typer risiko skal behandles, vurder å gjøre dette på separate skjemaer. Ulike typer risiko kan være HMS, kvalitet, fremdrift, økonomi og renommé.

- Dersom det er flere og sammensatte årsaker til en hendelse (kolonne 2), kan fiskebeinsdiagrammet (se kapittel 5.2) med fordel benyttes for visualisering og analyse.

- Om det er viktig å skille mellom kontrollmekanismer som oppdager årsaker og mekanismer som oppdager de uønskede konsekvensene, kan det etableres to kolonner for beskrivelse av kontrollmekanismer.

6.6 Risikoanalyse ved hjelp av ROS-matrise

Risikovurderinger kan gjøres ved hjelp av matrisen som er vist i figur 39. Matrisen refereres ofte til som en risiko- og sårbarhetsmatrise (ROS-matrise). Skalaen for sannsynlighet går fra usannsynlig (1) til svært sannsynlig (5). Skalaen for konsekvens går fra ubetydelig (1) til svært alvorlig (5). På samme måte som for FMEA bør disse skalaene konkretiseres i forhold til det objekt (den prosess, det produkt, den tjeneste eller det areal) som skal vurderes. Dette for å sikre at alle som deltar i risikoanalysen, har samme oppfatning av tallstørrelsene. Uønskede hendelser kan identifiseres ved hjelp av brainwriting og data registrert i systemer. Hendelsene diskuteres og plasseres i "riktig" celle i matrisen.

Fargekoder i matrisens celler markerer hva som skal gjøres med de enkelte hendelsene. Hvit kan for eksempel bety "hendelse behandles ikke". Grå kan bety "hendelse bør behandles". Mørk grå kan bety "hendelse må behandles".

ROS-matrisen er mer visuell enn FMEA, men har følgende svakheter:

1   Den inkluderer ikke sannsynlighet for deteksjon.
2   Den kan bli uoversiktlig om det er mange mulige hendelser.
3   Den gir ikke mulighet til å beskrive årsaker og konsekvenser inne i verktøyet/ matrisen.

Figur 39. Eksempel på ROS-matrise

Notater

7 Dokumentere forbedring og sikre varighet (Control)

Control er den avsluttende fasen i DMAIC-metoden. Listen under angir de viktigste leveransene i denne fasen. Leveransene er kategorisert i perspektivene "prosjekt", "prosess" og "virksomhet", slik det ble drøftet i kapittel 4.2.4.4.

1   Dokumentere oppnådde forbedringer (prosjekt)

2   Dokumentere økonomiske og andre gevinster (prosjekt)

3   Definere og plassere nytt ansvar (prosess)

4   Etablere og/eller oppdatere målesystem (prosess)

5   Dokumentere den nye prosessen (prosess)

6   Standardisere den nye prosessen (prosess)

7   Gjennomføre opplæring (prosess)

8   Evaluere prosjektet (virksomhet)

9   Angi muligheter for gjenbruk (virksomhet)

10   Angi forslag til videre forbedringer (virksomhet)

Leveransene skal dokumenteres i prosjektets storyboard (kapittel 9.2 og 9.3).

Det er prosjektets ansvar at prosessens ytelse blir best mulig, raskest mulig. Prosjektteamet bør derfor være til stede fra implementeringen starter og gjøre nødvendige endringer og tilpasninger inntil stabilitet er oppnådd.

Delkapitlene 7.1, 7.2 og 7.3 vil ytterligere detaljere leveransene i control-fasen.

7.1 Leveranser i prosjektdimensjonen

Dokumentere oppnådde forbedringer

L6S-prosjekter handler primært om å gjennomføre faktabaserte forbedringer. I den grad det er mulig og hensiktsmessig, skal prosjektet derfor måle og dokumentere ytelsen før og etter implementeringen.

Det eksisterer mange verktøy for å dokumentere ytelse. Verktøyvalget bør reflektere problemets viktighet og analysekompetanse i teamet, hos interessentene, prosjekteier og eventuelt kundene. Histogram, paretodiagram og kontrolldiagram er tre visuelle og relativt enkle verktøy som ble introdusert i kapittel 5.6. Figurene under viser eksempler på bruk av disse verktøyene i control-fasen til å dokumentere forbedret ytelse.

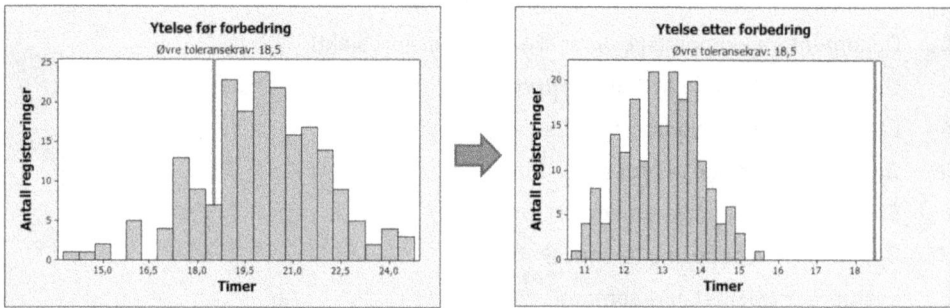

Figur 40. Histogram som viser ytelse før og etter forbedring. Rød linje er øvre toleransekrav

I figur 40 ser vi at før implementeringen av løsninger var de fleste måleresultater over øvre toleransegrense (markert med vertikal linje på 18,5 timer). Etter implementering ligger alle målinger med god avstand til denne grensen.

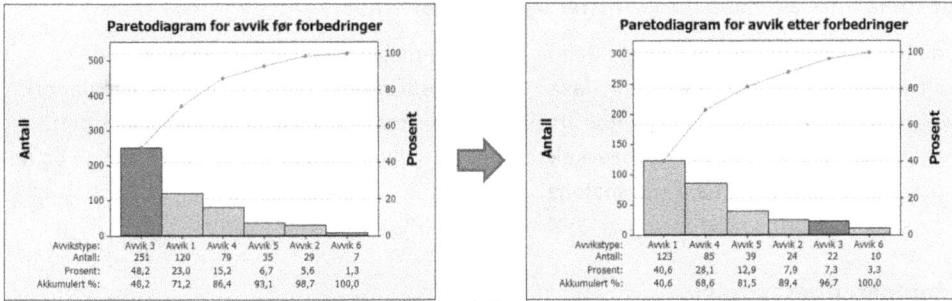

Figur 41. Paretodiagram som viser ytelse før og etter implementering

I figur 41 viser Paretodiagrammet til venstre at "avvik 3" før implementering er registrert med 251 forekomster. Diagrammet til høyre viser at etter implementering er det registrert kun 22 "avvik 3".

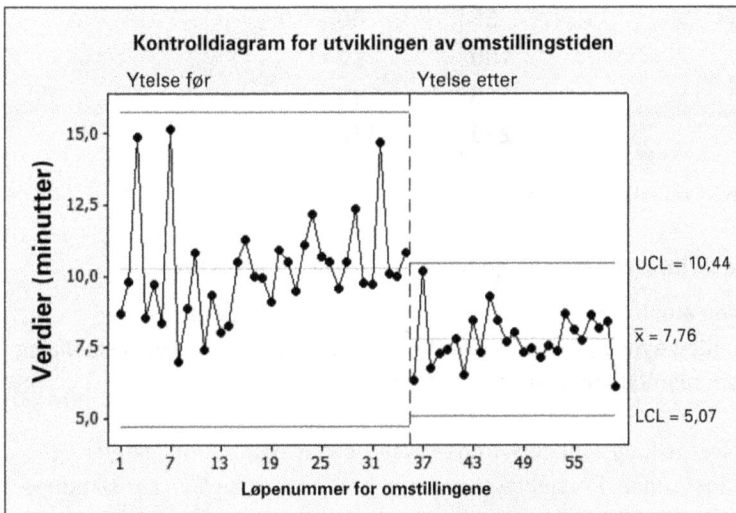

Figur 42. Kontrolldiagram som viser ytelse før og etter forbedring

Kontrolldiagrammet i figur 42 viser omstillingstiden for en fresemaskin før og etter implementering av løsninger. Vi ser at gjennomsnittet $\bar{x}$ har fått et nytt nivå etter implementering. Ved å sammenligne bredden mellom kontrollgrensene (UCL og LCL) før og etter implementering, ser vi at også variasjonen har blitt mindre.

Dokumentere økonomiske gevinster og andre gevinster

I de fleste L6S-prosjekter er det i define-fasen estimert en økonomisk gevinst ved vellykket gjennomføring. I control-fasen skal disse vurderingene oppdateres. Om det er vesentlig forskjell mellom den opprinnelige vurderingen og sluttvurderingen, bør dette forklares. Figur 43 viser et regnearkeksempel som både inkluderer de opprinnelige og de oppdaterte vurderingene av gevinstene.

Inntekter/besparelser første år	Forventet	Virkelig
Redusert vrak	350	400
Økt materialutnyttelse	75	50
Sum	**425**	**500**
Kostnader		
Interne timer	60	40
Ekstern bistand	55	60
Maskin	100	90
Sum kostnader	**215**	**190**
Gevinst	**210**	**310**

Figur 43. Oppdatert business case – regnearkperspektivet

Formidle resultatene til interessentene, og formelt avslutte prosjektet

Kommunikasjonsplanen etablert i define-fasen skal ha bidratt til aktiv dialog med interessentene. I forbindelse med prosjektets avslutning bør prosjektet ha en siste dialog med interessentene om resultatene og gjennomføringen.

Prosjektet ble startet formelt, og skal derfor også avsluttes formelt av prosjekteier og/ eller prosjektets styringsgruppe. Prosjektavslutningen bør markeres på en hensiktsmessig måte.

7.2 Leveranser i prosessdimensjonen

Hovedformålet med leveransene i prosessdimensjonen er å sikre varighet i løsninger og resultat. Viktige leveranser i prosessdimensjonen er beskrevet i avsnittene under.

Definere og plassere nytt ansvar
Nye løsninger vil normalt kreve endringer i rutiner, ansvar, eierskap, målsettinger og insentiver. Det er viktig at prosjektet bringer disse nødvendige endringene til beslutning hos den/dem som har myndighet. Prosjektets veileder, styringsgruppe og prosjekteier bør være spesielt fokusert på denne delen.

Etablerere og/eller oppdatere målesystem
For å sikre varighet kan de nye løsningene kreve etablering av nye eller tilpasning av eksisterende målesystemer. Om dette ikke ble ivaretatt i improve-fasen, må prosjektet sørge for dette i control-fasen. Endringer i eller etablering av nye målesystemer må ta utgangspunkt i det helhetlige behovet til alle kravstillerne til målesystemet.

Dokumentere prosessen
Prosessdokumentasjon er nødvendig for opplæring, kommunikasjon, forbedringsarbeid, standardisering, definering av ansvar, risikovurderinger m.m. Virksomheten bør derfor ha et prosessdokumentasjonssystem som er helhetlig, visuelt, lett tilgjengelig og enkelt å vedlikeholde og videreutvikle. Det er L6S-prosjektets ansvar at prosessdokumentasjonen oppdateres med de løsninger som er implementert.

Gjennomføre opplæring
Det er prosjektteamets ansvar å sørge for gjennomføring av opplæring i forbindelse med implementering av løsninger. Prosessdokumentasjonen vil normalt være viktig for å kunne gjennomføre opplæringen. Om det finnes et opplæringsprogram for prosessen, bør dette oppdateres. Alternativt bør prosesseier gis innspill til eventuelt behov for å etablere et opplæringsprogram.

Standardisere prosessen
Å standardisere prosessen handler om å gjøre det som er nødvendig for å sikre at prosessens ytelse er stabil på nytt og ønsket nivå. Aktuelle tiltak vil kunne omfatte utarbeidelse av prosedyrer, instruksjoner, ettpunktsleksjoner, merking/koding, opplæring, trening. Standardisering vil med andre ord inkludere punktene beskrevet over. Standardiseringsarbeidet er ikke avgrenset til aktiviteter i prosessen, men vil også omfatte input til og output fra prosessen, hvordan det leveres, når det leveres, ressursallokering, bekledning, verktøy, informasjon m.m.

7.3 Leveranser i virksomhetsdimensjonen

Evaluere prosjektet

Prosjektet har investert betydelig innsats i gjennomføringen og høstet mye erfaring. Prosjektleder, team og prosjekteier bør derfor sammen evaluere prosjektet. Hensikten med evalueringen er å få til enda bedre og raskere L6S-prosjekter i fremtiden.

Evalueringen bør omfatte fordeler og ulemper med forslag til forbedringer av følgende:

a) Forarbeidet før oppstart av prosjektet (identifisering av problem og mobilisering av prosjektet).

b) Kommunikasjonen med prosjektets interessenter.

c) Metodene, verktøyene og malene.

d) Utdanning av prosjektdeltakerne i metoder og verktøy.

e) Prosjektets veiledningsfunksjon (formen på dette, tilgjengelighet, omfang osv.).

f) Hvordan virksomheten sørger for reelle prosjektressurser og tilgang til viktige personer.

g) Hvordan virksomheten sørger for god overlevering (handover) av løsninger fra prosjektet til linjeledelsen/prosessledelsen for å sikre varige forbedringer.

h) Hvordan virksomheten håndterer muligheten for gjenbruk av prosjektresultater.

i) Hvordan virksomheten gjenbruker L6S-prosjektkompetanse for å oppnå enda bedre og raskere forbedringsprosjekter.

Flere av disse punktene vil gi innspill til forbedring av ledelsesprosessene knyttet til Lean Six Sigma.

Angi muligheter for gjenbruk av prosjektresultater

Prosjektets resultater i form av nye løsninger og erfaringer vil normalt kunne gjenbrukes i andre prosesser (eventuelt for andre produkter). Gjenbruk betyr raskere forbedringer med lavere ressursbruk og redusert risiko. Gjenbruksmulighetene kan være identifisert og planlagt allerede før mobilisering av prosjektet, men kan også bli identifisert som følge av prosjektets arbeid. Alle viktige gjenbruksmuligheter skal angis i prosjektets story- board. Prosjektets veileder, prosjekteier og styringsgruppe skal sammen sørge for at muligheten for gjenbruk kommuniseres og ivaretas.

Foreslå videre/nye forbedringsmuligheter[29]

L6S-prosjektene vil normalt oppdage flere viktige forbedringsmuligheter i løpet av prosjektperioden. Mulighetene kan komme som følge av bevisste avgrensninger som prosjektet har gjort, eller "tilfeldige" oppdagelser. Alle viktige forbedringsmuligheter skal angis i prosjektets storyboard. Prosjektets veileder, prosjekteier og styringsgruppe skal sammen sørge for at muligheten for gjenbruk kommuniseres og ivaretas.

---

29 For å unngå overlapp med foregående punkt "gjenbruk av prosjektresultater" kan dette punktet begrenses til viktige forbed-
ringsmuligheter som ikke handler om gjenbruk.

Notater

Notater

8 Andre viktige verktøy i forbindelse med prosessforbedringer

Dette kapittelet introduserer tre viktige verktøy og metoder til bruk i forbindelse med prosessforbedringer:

1   Verdistrømkartlegging

2   Arbeidsplassorganisering ved hjelp av 5S

3   Raske omstillinger ved hjelp av DMAIC

8.1 Verdistrømkartlegging

Verdistrømkart er et aktuelt verktøy i flere sammenhenger:

1   I virksomhetens arbeid med å kople strategiske mål til delmål i virksomhetens helhetlige verdistrømmer.

2   I den enkelte leders arbeid med å identifisere og prioritere forbedringsmuligheter innenfor eget ansvarsområde .

3   I L6S-forbedringsprosjekter når teamet har behov for å tegne opp et helhetlig prosessbilde med fakta for å kunne gjøre prioriteringer.

4   Når produktansvarlige/kundeansvarlige ønsker å forstå hvor og hvorfor det er gap i viktige kundekrav og/eller lønnsomhetskrav .

Den opprinnelige definisjonen på en verdistrøm er: Alle aktiviteter, verdiøkende og ikke-verdiøkende, som kreves for å bringe et produkt fra konsept til lansering, og fra ordre til leveranse. Denne definisjonen må tilpasses til typen prosess. Eksempelvis bør definisjonen for pasientprosesser ha en annen ordlyd. Verdistrømkart benyttes i dag for å visualisere hele eller deler av ende-til-ende i verdistrømmer for både produkter, dokumenter, tjenester, kunder og pasienter.

Eksempler på verdistrømmer er:

1   Eggets vei fra buret i eggklekkeriet til lagring i kjøleskapet hos forbrukeren.

2   Pasientens vei fra akuttmottaket på sykehuset til friskmeldt hos lege i primærhelse-
    tjenesten.

3   Kjeden av prosesstrinn som skal til for å skape ferdige varmtvannsberedere av
    innkjøpte deler og råvarer.

4   Byggesøknadens vei fra byggherre til endelig godkjenning hos kommunen.

Verdistrømkartlegging (VSM[30]) handler å beskrive verdistrømmer ved hjelp av standardi-
serte symboler. Ofte brukte VSM-symboler er angitt med forklaring i figur 44. For en mer
komplett oversikt over symboler og notasjon kan det henvises til (Lee & Snyder, 2006).
Figur 45 viser et eksempel på et verdistrømkart for produksjon av industrilamper.

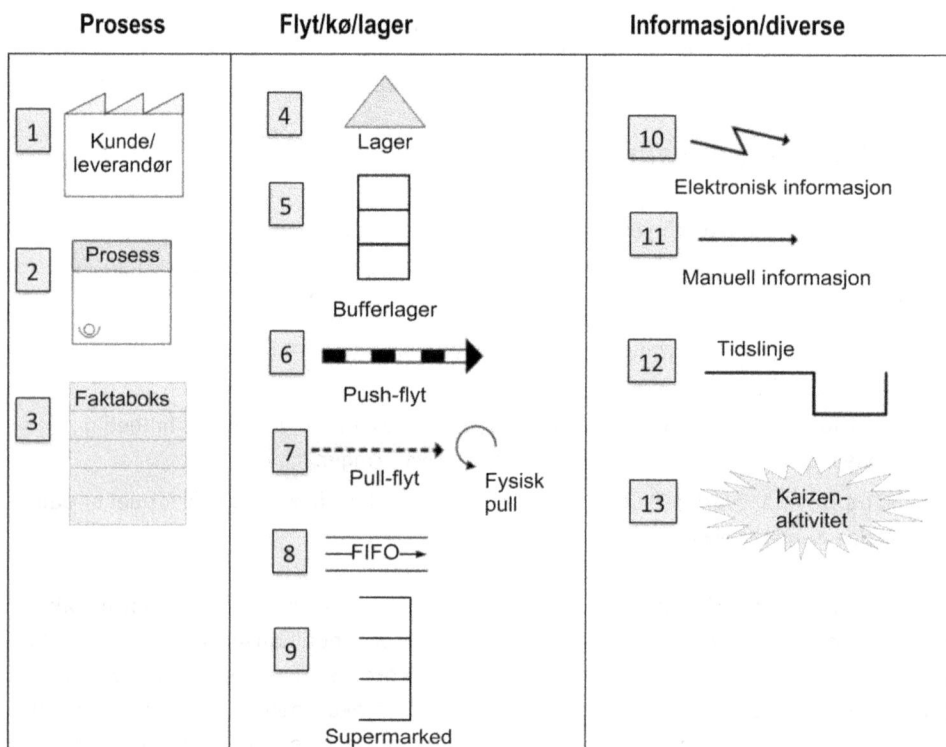

Figur 44. Ofte brukte VSM-symboler

---

30   VSM = Value Stream Mapping

Forklaring av VSM-symboler:

1 Kunde/leverandør:
Symbolet brukes både for leverandørene og kundene til verdistrømmen. Type eller navn på leverandør/kunde angis med tekst inne i boksen.

2 Prosess
Symbolet representerer en prosess, delprosess eller operasjon. For overordnede verdistrømmer kan et slikt prosesstrinn detaljeres i flere underliggende prosesstrinn/aktiviteter. Om det er viktig å forstå den underliggende flyten under et prosesstrinn, kan et helt nytt VSM-kart lages for dette trinnet. Alternativt vil tradisjonelle flytskjemaer benyttes til dette (se kapittel 5.3).

Symbolet, en sirkel og halvsirkel i nedre venstre hjørne, representerer ressursinnsatsen i prosesstrinnet knyttet til det produkt/tjeneste som kartlegges. Ressursene angis typisk som andeler av dagsverk/skift eller timer per skift.

3 Faktaboks
Dette er en tekstboks som typisk er knyttet til de to foregående symbolene. Innholdet i faktaboksen er viktige variabler med nøkkeltall som karakteriserer prosessen. Eksempler på variabler er: gjennomløpstid, syklustid, omstillingstid, stopptid, produktivitet, effektivitet, defektandeler, kundebehov per tidsenhet, leveransestørrelser, leveransehyppighet m.m. Definisjon av disse variablene finnes i blant annet (Lean Enterprise Institute, 2004).

4 Lager
Trekantsymbolet representerer et tilfeldig, ikke-strukturert, ikke-planlagt lager mellom prosesstrinn. I symbolets tekstfelt angis antall varer/saker som venter. Om det er ytterligere informasjon knyttet til lageret, kan en faktaboks brukes.

5 Bufferlager
Bufferlager er et planlagt lager som brukes for å fange opp variasjoner i behov/etterspørsel fra etterfølgende prosesstrinn. Også bufferlagere skal minimeres.

6 Push-flyt
Symbolet benyttes til å vise at varer/produkter/saker "skyves" videre til neste trinn uten at et behov nødvendigvis er til stede. Det vil altså si at ett prosesstrinn leverer til neste etter eget behov.

7 Pull-flyt
Pull-flyt innebærer at flyten av varer/produkter/saker mellom prosesstrinn er styrt av behovet til kundeprosessen. Det eksisterer flere typer pull-symboler. To av disse er vist i figuren. Den rette, stiplede pilen angir retningen på pull-flyten. Den buede pilen med retning mot klokka, brukes ofte sammen med symbolet for supermarkedlageret. Sammen illustrerer de to symbolene at det er pull-flyt av fysiske objekter via et planlagt supermarkedlager mellom to prosesstrinn.

8   FIFO-lager (FIFO = first in, first out).
     FIFO-lager benyttes når varer/produkter/saker ligger i en køordning mellom
     prosesstrinn. Det som kommer først inn i køen kommer først ut. Et FIFO-lager har
     normalt en maksimumsgrense. Det vil si at når lageret har nådd den definerte
     grensen, skal oppstrømsprosesstrinnet slutte å levere.

9   Supermarkedlager
     Dette symbolet representerer en lagertype tilsvarende den som benyttes for drikke-
     flasker på supermarkeder og bensinstasjoner. Når kundene tar en drikkevare fra
     bufferlageret i kjøleskapet, rykker neste flaske automatisk frem i køen. Når nivået
     for en type drikkevare er under et definert nivå, flagges dette automatisk slik at
     foregående prosesstrinn (oppstrøms) kan fylle opp. Denne typen lager ses på som
     parallelle bufferlagere med FIFO-prinsipp for hver vare/produkttype.

10   Elektronisk informasjon
     Symbolet representerer viktig informasjon som overføres elektronisk til prosesser,
     eller mellom prosess og kunde/leverandør. Eksempler på elektronisk informasjon
     kan være en produksjonsordre generert av et planleggingssystem. Det kan også
     være elektroniske kundebestillinger, e-post, telefonbestillinger o.l. Det bør knyttes
     fakta til symbolet. Fakta kan være informasjon om innhold, frekvens, antall eller
     form på informasjonen.

11   Manuell informasjon
     Symbolet representerer informasjon som flyter "manuelt". Eksempler kan være
     fysiske dokumenter, tegninger, skjemaer, sjekklister osv. Symbolet kan også
     benyttes om informasjon som overbringes muntlig. Det bør knyttes fakta til symbo-
     let. Fakta kan være informasjon om innhold, frekvens, antall eller form på informa-
     sjonen.

12   Tidslinje, avstandslinje og areallinje
     Symbolet brukes til å skille mellom verdiøkende (VØ) tid og ikke-verdiøkende (IVØ) tid i
     verdistrømmen. På det høye nivået angis VØ-tid[31]. Tilsvarende angis IVØ-tid på tidslin-
     jens lave nivå. På slutten av tidslinjen summeres tallene på høyt og lavt nivå. De to
     tallene benyttes så til å beregne andelen VØ-tid i forhold til total tid i verdistrømmen.
     Tidslinjen tegnes normalt i bunnen av et VSM-kart (se figur 45). Om det er viktig å
     kartlegge avstander og arealbruk i prosessen, kan dette angis på samme måte som
     tidslinjen i bunnen av VSM-kartet.

13   Kaizen-aktivitet[32]
     Dette stjernesymbolet representerer identifiserte forbedringsmuligheter (helst med
     utgangspunkt i innhentede fakta).

---

31 Om totalt sett verdiøkende aktiviteter har et potensial for tidsmessig effektivisering, kan tidslinjen tilpasses slik at potensialet
    visualiseres.
32 "Kaizen" er japansk og betyr "kontinuerlig forbedring".

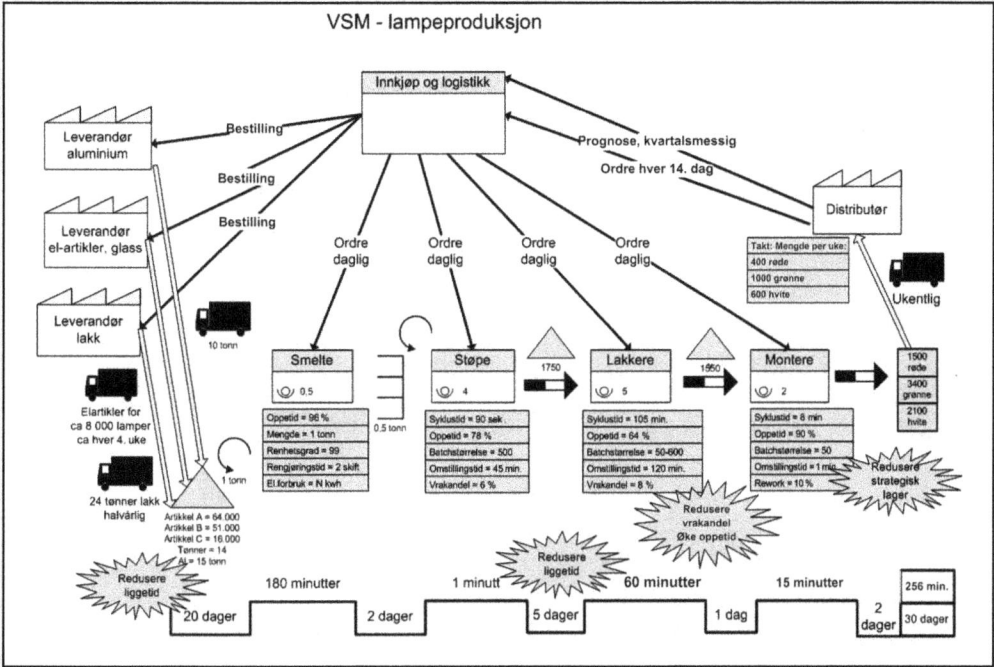

Figur 45. Illustrasjon av et verdistrømkart

8.1.1 Fremgangsmåte for kartlegging av en verdistrøm

En verdistrømkartlegging består av forberedelse, gjennomføring og etterarbeid. Medarbeiderne med solid erfaring i fra prosesstrinnene bør engasjeres allerede i forberedelsene. I det følgende antas det at den ansvarlige for kartleggingen har valgt hvilken verdistrøm som skal kartlegges. Det betyr at det objekt (produkt, tjeneste, sak, kunde eller pasient) som skal kartlegges, er valgt. For å sikre best mulig gjennomføring bør den ansvarlige (for kartleggingen) gjøre en egen begrenset kartlegging i forkant av neste trinn. Han/hun vil da fungere bedre som aktiv pådriver og støtte i teamets arbeid.

1 Forberedelse med teamet i møterom

a) Definer hensikten med kartleggingen.

b) Gå gjennom symbolene som skal brukes. Bruk så få symboler som mulig.

c) Definer stopp (og om mulig start[33]) for verdistrømmen som skal kartlegges.

d) Start med kunden, gå oppstrøms, og tegn inn prosesstrinn, leverandører, lager/køer, transport, materialer og informasjonsflyt.

e) Tegn faktabokser, og angi hvilke variabler som skal registreres. Eksempler er: kundebehov (hva, når, hvor mye og hvordan), kundetakt, syklustid, omstillingstid, sendingens størrelse, first pass yield[34], vrakprosenter, lagerstørrelse osv.

f) Fyll inn kjente tallverdier (vurder å ta med både gjennomsnitt og variasjon).

g) Planlegg praktiske aspekter ved gjennomføringen (hvor, når, hvem, ansvar, skjemaer og hvordan det skal dokumenteres).

2 Teamets gjennomføring ute i prosessen ("go to gemba")

a) Start med slutten (kunden) av verdistrømmen og gå bakover (oppstrøms)

b) Observer og snakk med dem som jobber i prosessen om problemer, muligheter, ytelse, hva som styrer produksjonen (pull/push), hvordan det bestilles, hvordan det leveres og lagres. Noter det som faktisk observeres og sies.

c) Observer og registrer data for de variabler som ble identifisert i faktaboksene under forberedelsene.

3 Teamets etterarbeid

a) Renskriv verdistrømkartet, hent inn manglende tallmateriale for viktige variabler.

b) Beregn kundens takttid.

c) Tegn tidslinje for verdiøkende tid og ikke-verdiøkende tid inn i verdistrømkartet.

d) Beregn forholdet mellom verdiøkende tid og total tid i prosessen.

e) Tegn inn stjernesymbol med kommentarer, der teamet ser prioriterte forbedringsmuligheter.

f) Dersom det er aktuelt, kan teamet starte arbeidet med å tegne et fremtidig bilde (futurestate) av verdistrømmen.

---

33 Noen produkter/tjenester realiseres av flere verdistrømmer som møtes etter et "vassdragsmønster". Det vil si mange bekker og små elver kommer sammen på ulike steder og danner til slutt en større elv (verdistrøm). For slike sammenkoplede verdistrømmer kan det til å begynne med være uklart hvilke småelver og bekker som må kartlegges for å finne de viktigste bidragsyterne til manglene lengst nede i elva (verdistrømmen). Hvor verdistrømmen starter, kan da være vanskelig å fastlegge fra start av.

34 First pass yield (FPY) er et tall som angir andelen enheter som produseres uten feil første gang. FPY kan beregnes per delprosess eller for hele prosesser. FPY kan også beregnes for pasientprosesser og saksbehandlingsprosesser.

8.2 Arbeidsplassorganisering ved hjelp av 5S

Metoden 5S handler om å reorganisere arbeidsområdene. Målsettingen er først å etablere et nytt og bedret nivå med hensyn til renhet, orden, sikkerhet, flyt og visualisering. Deretter er målet å sikre at det nye nivået er varig. Positive tilleggseffekter av en vellykket gjennomføring vil normalt også være bedret kvalitet og medarbeidertilfredhet. Et høyt 5S-nivå vil også virke positivt på kundenes oppfatning av virksomheten.

Figur 46 viser trinnene i 5S-metoden. Legg merke til at det er overlapp mellom trinnene. Grunnen er at rekkefølgen på aktivitetene i de ulike trinnene kan avvike fra standard rekkefølge. Eksempelvis kan det være aktuelt å gjennomføre flere av aktivitetene i trinnet "skinne" før aktivitetene i "systematisere".

De neste underkapitlene beskriver først planleggingen av 5S-gjennomføringen, deretter trinnene i selve metoden.

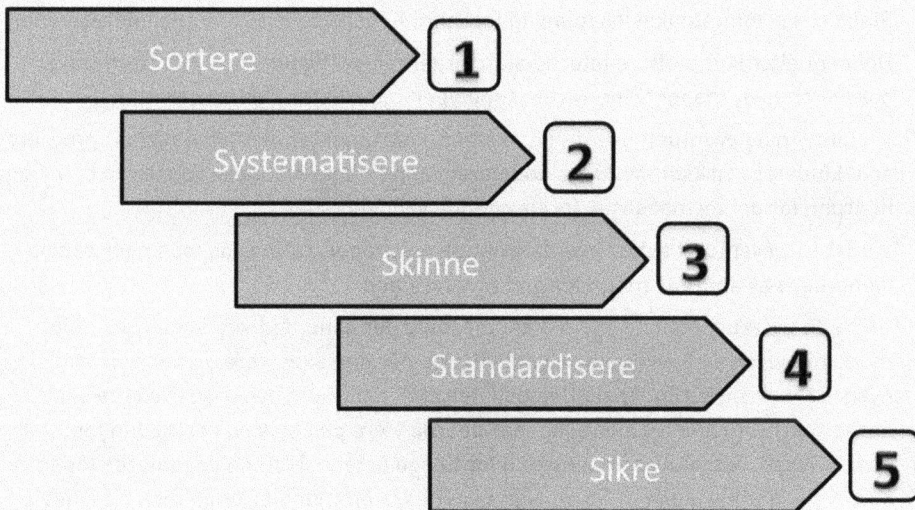

Figur 46. Trinnene i 5S

8.2.1 Planlegging av 5S-gjennomføringen

Å gjennomføre 5S i større områder/lokaler krever meget god planlegging, aktiv støtte fra ledelsen og solid forankring hos dem som berøres. Grunnen er at den etablerte "kulturen" når det gjelder rydding og renhold, vil utfordres sterkt. En erfaren og trygg leder som er særlig god på kommunikasjon, involvering og delegering, bør ha det formelle ansvaret for forberedelser og gjennomføring. Sentralt i forberedelsene vil være:

1 Definere hensikten og målsettingene med innføring av 5S.

2 Definere arealet der 5S skal gjennomføres.

3 Dele opp hele området i hensiktsmessige soner. Én eller flere plantegninger (figur 47) av området bør ligge til grunn for denne oppdelingen. Fellesområder skal også inngå. Sonene i tegningen kan visualiseres ved hjelp av farger eller skraveringer.

4 Etablere team og teamleder for hver sone. Teamet og teamleder er ansvarlig for gjennomføring av 5S-aktiviteter og opprettholdelsen etter gjennomføringen (Teamet bør også være ansvarlig for andre operative strukturer. Kontinuerlige forbedringer er et eksempel).

5 Kartlegge viktige kravstillere, og deres krav til gjennomføringen og resultatet. Skill på kravstillere til hele området, og kravstillere per sone. Kravstillere vil være sluttkunder, interne prosesskunder, leverandører, de ansatte, fagforeninger, myndigheter, virksomheten selv. Et aktuelt verktøy for å kartlegge krav er kravtreet (kapittel 4.2.4).

6 Etablere en kommunikasjonsplan og forankre hensikt og mål hos alle interessenter.

7 Definere eller komplettere interne standarder for skilttyper, fonttyper, fargevalg, boksstørrelser, mappetyper, tavler, tapetyper, sjekklister, instrukser m.m.

8 Avklare om og eventuelt hvordan maskiner, instrumenter og utstyr skal nummereres og inkluderes i virksomhetens eiendelsregister. Et slikt eiendelsregister vil bl.a. ligge til grunn for det formaliserte, forebyggende vedlikeholdet.

9 Vurdere og eventuelt avtale hvordan viktige erfaringer, rutiner og løsninger skal gjenbrukes av andre team under gjennomføringen.

10 Opprette en aktivitetsliste og anskaffelsesliste per sone. Aktivitetslisten må minimum inkludere en beskrivelse av aktiviteten, når den skal være gjennomført og hvem som er ansvarlig. Anskaffelseslisten skal minimum beskrive hva som skal anskaffes, hvem som er ansvarlig, når det må være på plass og kostnaden for anskaffelsen. Teamleder er ansvarlig for begge listene. Listene oppdateres løpende under gjennomføringen av 5S og skal benyttes i kommunikasjonen med nærmeste leder og ansvarlige for 5S-implementeringen.

11 Etablere en 5S-sjekkliste (se eksempel i kapittel 9.4). Sjekklisten skal brukes til å gjøre en statusvurdering av sonene med hensyn til orden og renhet. Krav til sjekklisten er:

    a Skal være tidløs slik at den ikke må endres når det gjøres endringer i sonene.

    b Skal kunne benyttes uavhengig av soner (av samme type).

    c Innholdet skal være relevant for alle sonene. Vurder derfor å lage ulike sjekklister for ulike typer arbeidsområder.

    d Hvert punkt skal være så konkret at en "objektiv" vurdering av sonenes score/nivå er mulig.

12 Gjennomføre en 5S-statusvurdering av sonene i området.

13 Beslutte og kommunisere målsettingen for nytt 5S-nivå. Det bør være særlig gode grunner til at det skal være ulike 5S-mål for ulike soner i samme område.

14 Etablere et midlertidig mellomlager for gjenstander som vil bli fjernet fra sonene, men som ikke skal kastes. Et slikt område kalles ofte for et "red-tag-område". Det bør etableres en oversikt/logg som beskriver hvilke enheter som er flyttet til red-tag-området, hvor disse enhetene er kommet fra, eventuelt med verdien på disse og et kommentarfelt. Alle gjenstander som senere tas ut fra red-tag-området igjen, skal kvitteres ut (hvem, hva, når, hvorfor). Dette for å sikre at enheter ikke ukontrollert finner veien tilbake til sonene igjen. Det bør være en ansvarlig for red-tag-området som skal sørge for orden og at det ikke blir et sted for lagring av skrot.

15 Vurdere i hvilken rekkefølge sonene skal gjennomføre 5S. Det kan være gode grunner til at alle sonene skal gjennomføre samtidig. Det kan også være gode grunner til å ha en trinnvis tilnærming.

16 Etablere en detaljert, ambisiøs, men realistisk fremdriftsplan for hele området. Om gjennomføringen fører til avbrudd i produksjonen må nedetiden minimeres gjennom konsentrert gjennomføring, gjerne på kveldstid, i helger og ferier.

Når lederne planlegger og forankrer målsettingen med 5S, må budskapet må være veldig tydelig. Planen skal gjennomføres. Under implementeringen må alle lederne aktivt vise interesse, støtte arbeidet og gå foran med et godt eksempel. Lederne må være forberedt på å ta raske beslutninger når teamene foreslår tiltak og mindre investeringer.

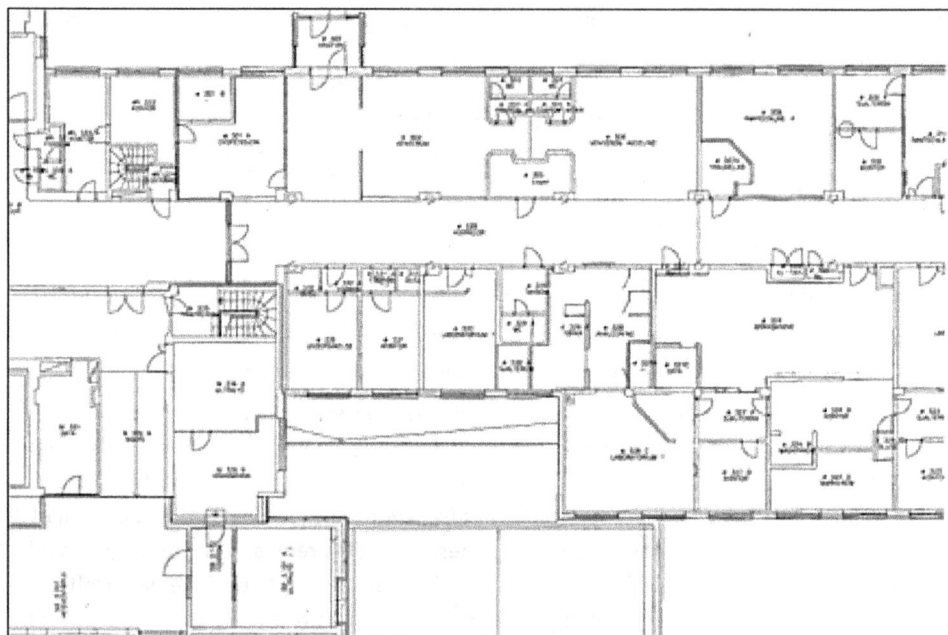

Figur 47. Eksempel på plantegning som ligger til grunn for oppdeling av området i soner.

8.2.2 Sortere

Målsettingen med første trinn "sortere" er:

- Identifisere og fjerne det som ikke trengs (hver dag).
- Identifisere og fjerne det som det er for mye av.
- Identifisere feil og mangler (ved verktøy, maskiner, utstyr og annen infrastruktur).
- Identifisere lokale kilder til smuss (kjemikaliesøl, olje, støv, spon, gass m.m.).

Fremgangsmåte:

1 Definer kriterier for å fjerne enheter/gjenstander fra sonen. Typiske kriterier vil være:
   a Enheten hører ikke til i sonen.
   b Enheten brukes ikke hver dag.
   c Det er for mange av enheten i forhold til typisk behov.
   d Enheten bør plasseres utenfor sonen, men innenfor (nær-)området.
   e Konsekvensen er liten om enheten fjernes, og det likevel blir behov for den.

2 Definer hvor mye/mange som behøves (mengde, antall, volum osv.) av verktøy, rekvisita, materialer m.m.

3 Ta bilder for dokumentasjon av 5S-status før gjennomføring[35] (bilde 1 og bilde 2 viser eksempler).

4 Kast søppel og fjern gjenstander som ikke er relevante for virksomheten.

5 Merk enheter/gjenstander som skal eller antakelig skal fjernes fra området. Alternativer for merking er for eksempel:
   a rød tape
   b røde merkelapper med tekst, som for eksempel angir hvor enheten kommer fra, hvor enheten skal, maskinnummer, restverdi, feil, mangler m.m.

6 Merk defekt/skadet infrastruktur. Noter eventuelle forbedringsaktiviteter på sonens 5S-aktivitetsliste
   a Med infrastruktur menes maskiner, bord, hyller, lyskilder, stoler, instrumenter, dører, fysiske barrierer osv.
   b Bruk gul tape og/eller gule merkelapper med tekst som forteller om mangelen og eventuelt løsning.

7 Kartlegg lokale og eventuelt eksterne kilder til smuss. Eksterne kilder finnes utenfor sonen, men bidrar til smuss i sonen. Noter eventuelle forbedringsaktiviteter på sonens 5S-aktivitetsliste.

---

35 For å unngå at personer føler seg "hengt ut", bør statusbildene ikke publiseres før etter vellykket gjennomføring.

8 Gå gjennom sonen med alle i teamet, samt relevante ledere, og gjør eventuelle endringer i merkingen.

9 Ta merkede gjenstander ut av området
   a Enheter som skal eller kanskje skal gjenbrukes, plasseres i red-tag-området.
   b Enheter som skal kastes, men ikke kan besørges med en gang, merkes tydelig og plasseres også i red-tag-området. Om slike enheter har restverdi, er det viktig at enhetens verdi tas ut av regnskap/balanse før den kastes.
   c Enheter som brukes periodevis eller sporadisk, plasseres i tilknytning til sonen eller i red-tag-området inntil en dedikert, felles lagringsplass for flere soner er innrettet for denne typen enheter.
   d Enheter som brukes sjelden, bør plasseres utenfor området (om aksesstid ved behov ikke er kritisk).

Bilde 1. Bilde før 5S, i kontormiljø

Bilde 2. Bilde før 5S, i produksjonsmiljø

8.2.3 Systematisere

I dette trinnet skal sonen reorganiseres. I utgangspunktet skal dette skje med vekt på renhold og orden. Reorganiseringen bør også ta hensyn til behovet for bedret flyt, kvalitet og HMS.

Målsettingen med å systematisere er at:

* Alt har en plass (instrumenter, verktøy, informasjon/dokumenter, rekvisita, varer, produkter m.m.).
* Alt er i orden og fungerer (maskiner, verktøy og annen infrastruktur).
* Den fysiske organiseringen i sonen gir best mulig flyt, kvalitet og HMS.
* Den fysiske organiseringen i sonene forenkler inspeksjon og renhold (og vedlikehold[36]).
* Det er visuell kontroll og oversikt med instrumenter, verktøy, informasjon/dokumenter, rekvisita, inn/ut-kurver, nivåer, faringsveier, soner, m.m. (Se bilde 3, bilde 4, bilde 5, bilde 6.)

Fremgangsmåte (husk løpende bruk av sonens aktivitetsliste og anskaffelsesliste)

1 Kartlegg muligheter for bedret prosessflyt og kvalitet
   - Vurder flyten av varer, personer, materialer og informasjon.
   - Vurder hvordan inngående varer, utgående varer og varer i arbeid skal "lagres"/ oppbevares/plasseres.
   - Vurder plassering og visualisering av verktøy, instrumenter, maskiner og annet utstyr i forhold til flyt og kvalitet.

2 Kartlegg muligheter for forenklet renhold. Nyttige momenter kan være:
   - Minst mulig på gulvet (det vil si heng opp). Gjelder også ledninger.
   - Bruk av trillebord.
   - Flere søppelbøtter (husk sorteringsbehovet).

3 Kartlegg muligheter for bedret HMS i sonen:
   - Vurder bevegelser med hensyn til frekvens, tyngde, vridning m.m.
   - Vurder plassering av verktøy, instrumenter, maskiner og annet utstyr.
   - Vurder eventuelle handikapbehov.
   - Vurder endringer av lyssetting.
   - Vurder endringer med hensyn til temperatur, fuktighet, støv, gasser og avfall.
   - Vurder alternativt/bedre/enklere utstyr på arbeidsplassen som reduserer arbeidsbelastningen.
   - Vurder risiko for skader på mennesker og utstyr (inkl. brannskader, elektrisk støt, splintskader, kuttskader, fallskader, farlige gasser, støv m.m.).
   - Vurder rømningsveier og skilting.

---

36 Vedlikehold av maskiner og infrastruktur er ikke diskutert i denne boka.

4   Planlegg visualisering og reorganisering med utgangspunkt i vurderingene over

-    Lag en tegning med ny organisering av sonen og det som skal inngå.

-    Utarbeid enkle visuelle systemer for å ha kontroll med verktøy, instrumenter, utstyr, lager samt flyt innenfor, inn i og ut av sonen. Eksempler på innhold i slike visuelle systemer kan være:

• Standardiserte verktøytavler, standardiserte verktøyskap (bilde 5, bilde 6), standardiserte verktøy/utstyr/instrumenter, standardisert organisering og merking.

• Standardiserte inn/ut-kurver for dokumenter.

• Bruk av standardiserte fargekoder på foldere for ulike dokumenttyper og standarder/instrukser.

• Bruk av standardiserte fargekoder og boksstørrelser for inn-/utgående varer/ materialer

• Standardiserte fargekoder for bokser med defekte enheter.

• Obligatorisk FIFO-organisering av dokumenter og varer (først inn, først ut).

• Skråstilling av hyller for bedre oversikt over rekvisita.

• Tydeliggjøring av minimum lagernivå og rutine for bestilling.

• Bruk av (gul) bred tape til å markere faringsveier og områder for plassering av definerte gjenstander.

-    Gå gjennom og kompletter aktivitets- og anskaffelseslistene.
-    Innhent godkjennelse og gjennomfør anskaffelser.

5   Gjennomfør reparasjon, merking og reorganisering basert på kartleggingene og vurderingene gjort over.

Viktige årsaker til mangelfull renhet, mangelfull flyt, mangelfull kvalitet og HMS-risiko kan finnes utenfor sonen. Om teamet i sonen ikke får gjort noe med dette selv, lages det et forbedringsforslag som gis til rette innstans.

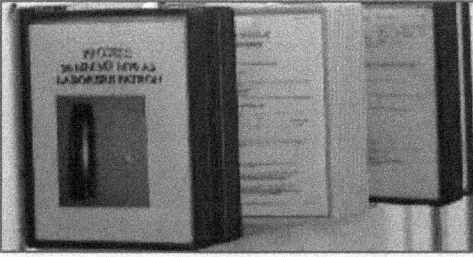

Bilde 3. Organisering av dokumentasjonen i sonen

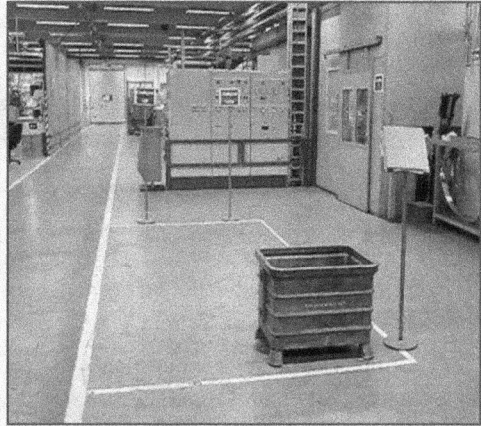

Bilde 4. Merking av faringsveier og lagerplass

Bilde 5. Merking og unik plassering av verktøy

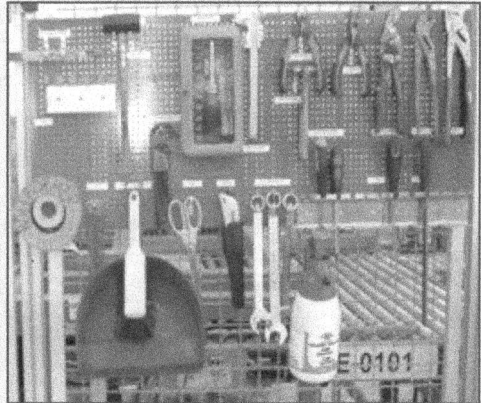

Bilde 6. Merking og unik plassering av verktøy

8.2.4 Skinne

Målsettingene med tredje trinn "skinne" er:

• Definere krav til nivå på orden og renhet.

• Gjøre rent innenfor det definerte området (sonen).

Fremgangsmåte[37]:

1   Definer kravene til renhet. Det vil si hvordan det skal se ut i fremtiden. Disse kravene skal være sonespesifikke, og vil derfor være mer detaljert enn punktene i 5S-sjekk-listen som gjelder for området.

2   Definer hva slags rengjøringsutstyr og rengjøringsmidler som skal benyttes, hvor dette skal oppbevares og hvordan en har visuell kontroll med dette. Visuell kontroll betyr at alt renholdsutstyr og midler, skal ha sin faste plass. Det skal være lett å se om noe mangler.

3   Rengjør alt (gulv, maskiner, instrumenter, rør, ledninger, skap, hyller osv.)
    a   På samme måte som under trinnet "sortere" bør utstyr og infrastruktur inspiseres for feil og mangler også under selve rengjøringen.
    b   Om det ikke er gjort tidligere: Fjern lokale årsaker til støv, spon, lekkasjer, spill av olje og kjemikalier, osv.

4   Ta bilder som dokumenterer resultatet etter systematisering og rengjøring (se eksempel bilde 7). Bildene kan benyttes for å visualisere nytt nivå på renhet og orden i sonen.

Bilde 7. Bilde tatt etter 5S (sammenlign med bilde 2)

---

37   Aktivitetene i dette trinnet (skinne) bør ses i sammenheng med systematiseringen. Eksempelvis vil selve rengjøringen ofte gjøres før systematiseringen.

Andre viktige verktøy i forbindelse med prosessforbedringer

8.2.5 Standardisere

Målsettingen med fjerde trinn "standardisere" er:

1   Sikre forutsigbar og ensartet rengjøring, rydding og inspeksjon.

2   Sikre forutsigbar og ensartet gjennomføring av nye løsninger/rutiner for bedret HMS, flyt og kvalitet.

I resten av dette delkapittelet fokuseres det på hva som skal til for å nå målsettingen i punkt 1. Fremgangsmåten for å oppnå målsettingen under punkt 2 vil være tilsvarende.

Fremgangsmåte:

1   Lage/oppdatere rutinebeskrivelser for rengjøring, rydding og inspeksjon. Beskrivelsene må være enkle å forstå for alle som jobber i sonen.

- Viktige rutiner/prosedyrer bør suppleres med såkalte ettpunktsleksjoner. Leksjonene består av A4-ark som tydeliggjør viktig innhold i rutinen. Bilde 8 viser eksempel på en sjekkliste for 5S-aktiviteter utformet som en ettpunktsleksjon. Leksjonen bør plasseres rett ved maskin/gjenstand som skal rengjøres sammen andre relevante leksjoner om metode, kvalitet, HMS osv. Ettpunktsleksjoner bør utarbeides av, eller i tett samarbeid med, medarbeiderne i sonen.

- Definere og plassere ansvar for rengjøring, rydding og inspeksjon (hvem gjør hva og når). Et godt prinsipp er at ansvaret rullerer mellom alle i sonen.

2   Vurdere å lage et visuelt, manuelt kontrollsystem som forteller om renhold, rydding og inspeksjon er gjennomført.

- Eksempel: Anta en sone der det jobbes skift. Etter gjennomført renhold, rydding og inspeksjon signerer teamet på en sjekkliste. Teamet som tar over sonen aksepterer gjennomføringen ved å kvittere på samme liste. Eventuelle mangler og kommentarer noteres på den samme listen.

3   Legge nye/oppdaterte rutiner og ettpunktsleksjoner inn i virksomhetens system for organisering av slike dokumenter.

Ettpunktsleksjon

Tema	Rollform og mantel	Ref No	01-01-09 1av1
		E nr:	
		Versjon	1
		Dato	08.09.2009

X	Renhold		Smøring		Kontroll

Nr	Hva skal gjøres?	Når
1	Sjekke verktøytavle	D
2	Tømme skrotkasser	D
3	Fjerne avvikende varer	D
4	Feie gulvet	U
5	Rengjøre maskiner	U
6		
7		
8		
9		
10		
11		
12		
13		
14		
15		
16		
17		
18		
19		
20		

D = Dag, U = Uke, M = Måned
Kommentarer:

Utredet av:	Operatør:	Formann:

Bilde 8. Eksempel på ettpunktsleksjon knyttet til 5S i sonen

8.2.6 Sikre

Målsettingen med trinnet "sikre" er å sørge for at det nye 5S-nivået er varig.
Kravet om varighet gjelder ikke bare rengjøring, rydding og inspeksjon, men også nye
løsninger for bedret HMS, flyt og kvalitet.

Fremgangsmåte:

1   Definere krav til og innhold i 5S-opplæring.

2   Gjennomføre opplæring i tråd med punktet over.

3   Integrere 5S-opplæringen i sonens/prosessens opplæringsplan.

4   Formalisere og plassere 5S-ansvaret.
    - Til å begynne med bør oppfølgingen være tett og hyppig. En bør ikke vente med
      dette til planlagt revisjon.

5   I en periode inkludere 5S som eget punkt på morgenmøtet.

6   Etablere regelmessig gjennomgang/revisjon av 5S-status i området.

7   Planlegge neste 5S-gjennomføring.

8.2.7 Eksemplets makt

For best mulig progresjon i 5S-implementeringen må lederne vise vei. Noen innspill til
lederne er derfor å:

• Gjennomføre 5S i egne lokaler og kontorer.

• Sørge for selv å stå oppført på synlige 5S-relaterte aktivitetslister, og gjennomføre
  innen definerte frister.

• Investere i oppgradering av fellesområder (trappeoppganger, korridorer, pauserom,
  toaletter, vegger, tak og vinduer) på et tidlig tidspunkt i implementeringen.

• Sørge for raske beslutninger om tiltak og eventuelle innkjøp når teamlederne
  kommer med forslag under gjennomføringen.

• Være til stede og interessert i arbeidet som gjøres.

8.2.8 Bruk av før og etter-bilder

Det anbefales å ta bilder av 5S-området før og etter implementeringen. Før-bildene bør
ikke vises frem/publiseres før etter at trinnet "skinne" er gjennomført, og et nytt 5S-nivå
er nådd. Grunnen til dette er at involverte medarbeidere kan føle seg uthengt om før-
bildene publiseres for tidlig.

8.3 Raske omstillinger ved hjelp av DMAIC

Arbeids- og produksjonsprosesser har en teoretisk kapasitet med hensyn til antall produserte enheter per tidsenhet. Omstillingstiden kan være en viktig årsak til at denne kapasiteten ikke utnyttes. Dette kapittelet beskriver hvordan metoden DMAIC, på en tilpasset måte, kan benyttes til å redusere omstillingstiden.

Definisjonen på omstillingstid for en prosess som produserer serier med produkter, er:

* tiden fra siste "gode" enhet er produsert ved normal produksjonshastighet for en serie, til første "gode" enhet er produsert ved normal produksjonshastighet i neste serie.

Definisjonen på omstillingstiden må tilpasses type prosess. For en operasjonsprosess på et sykehus vil definisjonen på omstillingstid kunne være "tiden fra en operasjon på en pasient er ferdig, til ny operasjon på neste pasient starter". Dette kapittelet vil fokusere på produktproduserende prosesser.

Figur 48 illustrerer hvordan en prosess består av syklusen forberede, gjennomføre og avslutte. Punktene under de tre trinnene i syklusen er eksempler på aktiviteter. Tiden til forberedelse og avslutning definerer omstillingstiden som ønskes minimert[38].

For å oppnå best mulig utnyttelse av kapasiteten velger mange å kjøre lange produksjonsserier. To viktige, negative konsekvenser av denne praksisen er lange gjennomløpstider[39] og høy kapitalbinding (varelager og varer i arbeid). I et verdistrømkart (kapittel 8.1) vil omstillingstider og varelager visualiseres og beskrives med fakta. Prosesstrinn med lange omstillingstider markeres med en stjerne for å tydeliggjøre en forbedringsmulighet.

---

38 Forberedende og avsluttende aktiviteter som allerede gjøres utenfor prosessen, påvirker ikke kapasitetsutnyttelsen og inngår dermed ikke i omstillingstiden.
39 Gjennomløpstiden er tiden det tar for et produkt/enhet å bevege seg gjennom en prosess.

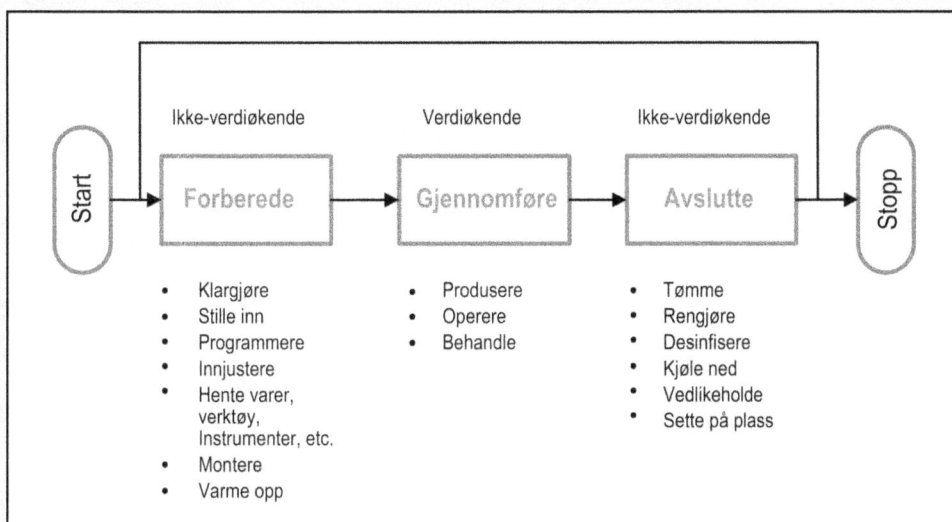

Figur 48. Produksjonssyklusen inkludert omstillingsaktiviteter

En reduksjon av omstillingstiden åpne for tre muligheter:

1   Beholde kapasitetsutnyttelsen og benytte hele den frigjorte tiden til å produsere kortere serier og foreta hyppigere omstillinger. Gevinsten vil være kortere gjennom-løpstider, redusert lager og færre varer i arbeid.

2   Benytte hele den frigjorte tiden til å øke kapasitetsutnyttelsen (det vil si øke produktiviteten).

3   Gjøre en kombinasjon av de to ovenstående.

Figur 49 viser et eksempel der omstillingen utgjør 30 % av produksjonstiden. I dette tilfellet går det ca. tre dager mellom hver gang samme produkt produseres.

Figur 50 viser status etter en forbedringsaktivitet, der omstillingstiden er redusert til en tredjedel. En ser her at forholdet mellom omstillingstid og produksjonstid er det samme som før forbedringen. Den frigjorte tiden er benyttet til å redusere seriestørrelsene og foreta hyppigere omstillinger. Kapasitetsutnyttelsen er med andre ord uendret. I dette tilfellet kan alle tre produktvariantene produseres hver dag, og gjennomsnittlig gjennom-løpstid er redusert til en tredjedel.

Figur 51 viser en situasjon der omstillingstiden er redusert til en tredjedel, men at frigjort tid er benyttet til å øke kapasitetsutnyttelsen/produktiviteten. Gjennomløstiden er da uendret.

Før reduksjon av omstillingstid

Produkt	Dag 1	Dag 2	Dag 3
Produkt 1			
Produkt 2			
Produkt 3			

Angir omstillingstid
Angir produksjonstid

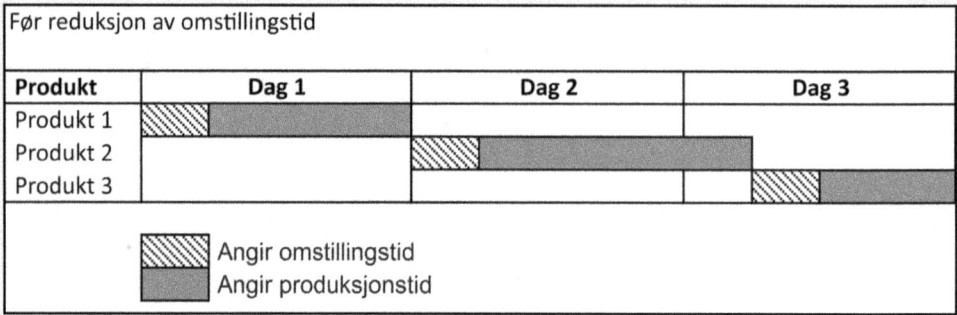

Figur 49. Omstillingstid og produksjonstid før forbedring

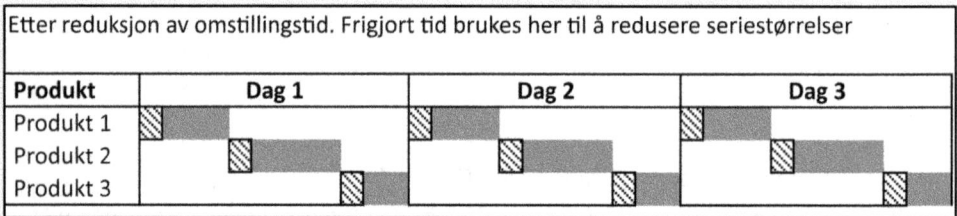

Etter reduksjon av omstillingstid. Frigjort tid brukes her til å redusere seriestørrelser

Produkt	Dag 1	Dag 2	Dag 3
Produkt 1			
Produkt 2			
Produkt 3			

Figur 50. Etter forbedring: Frigjort omstillingstid er benyttet til å redusere seriestørrelse og gjennomløpstid

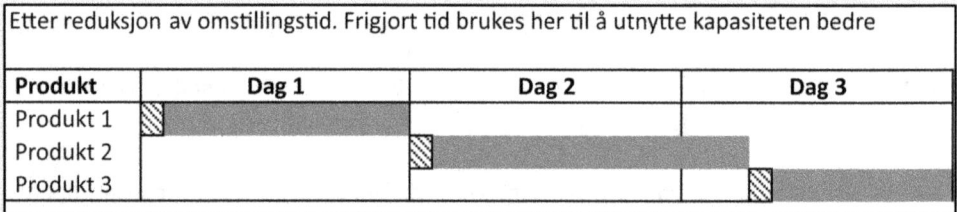

Etter reduksjon av omstillingstid. Frigjort tid brukes her til å utnytte kapasiteten bedre

Produkt	Dag 1	Dag 2	Dag 3
Produkt 1			
Produkt 2			
Produkt 3			

Figur 51. Etter forbedring: Frigjort omstillingstid er benyttet til bedre utnyttelse av kapasiteten

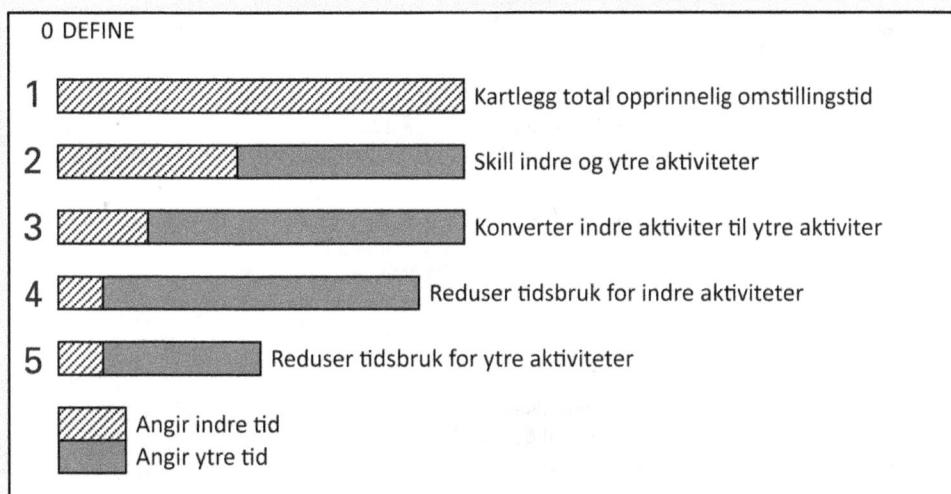

```
0 DEFINE

1  [////////////////////////////]  Kartlegg total opprinnelig omstillingstid

2  [/////////////////]             Skill indre og ytre aktiviteter

3  [//////]                        Konverter indre aktiviter til ytre aktiviter

4  [///]                           Reduser tidsbruk for indre aktiviteter

5  [///]        Reduser tidsbruk for ytre aktiviteter

   [/////]  Angir indre tid
   [     ]  Angir ytre tid
```

Figur 52. Prinsipiell tilnærming til reduksjon av omstillingstiden

Den prinsipielle tilnærmingen til reduksjon av omstillingstiden er visualisert i figur 52. I figuren skilles det på indre og ytre aktiviteter. Indre aktiviteter er aktiviteter som gjennomføres i omstillingstiden. Ytre aktiviteter er aktiviteter som kan gjøres utenfor omstillingstiden. Ytre aktiviteter påvirker ikke kapasitetsutnyttelsen. Tidsbruk for indre aktiviteter kalles for indre tid. Tidsbruk for ytre aktiviteter kalles for ytre tid. Når kartleggingen av omstillingstiden gjøres (trinn 1), vil alle aktiviteter i omstillingstiden være indre aktiviteter.

Tabell 15 beskriver hvordan DMAIC kan benyttes til å redusere omstillingstiden slik det er visualisert i figur 52. Avhengig av omfang og kompleksitet kan omstillingstiden reduseres gjennom et formelt L6S-prosjekt eller som en aktivitet i avdelingens/enhetens arbeid med kontinuerlige forbedringer. Tilnærmingen i tabell 15 må derfor tilpasses til behovet.

Fase	Define/planlegge	Measure/analyse	Improve	Control/sikre
Tid	1–3 dager	1–2 dager	2–10 dager	1 uke–4 måneder
Aktivitet	• Velge team og teamleder • Velge veileder • Lage kommunikasjonsplan • Måle omstillingstider • Definere målsetting • Gjøre gevinstvurderinger • Lage fremdriftsplan	• Kartlegge alle aktiviteter i omstillingen • Kartlegge bevegelser • Kategorisere aktiviteter som indre og ytre aktiviteter • Identifisere muligheter for å konvertere indre aktiviteter til ytre aktiviteter • Finne årsaker til lang indre tid • Finne årsaker til lang ytre tid	• Identifisere løsninger for å gjøre indre til ytre aktiviteter • Identifisere og velge løsninger for å fjerne årsaker til lang indre og ytre tid • Vurdere risiko • Vurdere forventet forbedring • Oppdatere fremdriftsplanen • Gi opplæring • Implementere løsninger	• Dokumentere redusert omstillingstid • Definere og plassere nytt ansvar • Lage/endre prosedyrer • Lage ettpunktsleksjoner • Oppdatere systemer • Oppdatere opplæringsplanen for prosessen • Etablere/endre målesystem
Verktøy	• Gantt-diagram • Kommunikasjonsplan • Paretodiagram • Histogram • Kontrolldiagram	• Brainwriting • Flytdiagram • Aktivitetslister • Spagettidiagram • Fiskebeinsdiagram • Videokamera • Paretodiagram	• FMEA • ROS-matrise • Aktivitetslister	• Kontrolldiagram • Histogram • Paretodiagram

Tabell 15. DMAIC-aktiviteter og -verktøy for å redusere omstillingstiden

De følgende underkapitlene vil ytterligere detaljere DMAIC-tilnærmingen for reduksjon av omstillingstiden. A3-malen i kapittel 9.2, eller det mer omfattende storyboardet i kapittel 9.3, kan benyttes for dokumentasjon av viktige resultater.

8.3.1 Fase 1: Definere og planlegge

I denne fasen forberedes og planlegges den operative gjennomføringen.
Følgende skal gjøres (se også kapittel 4 for ytterligere detaljer):

1 Velg team og teamleder
   - Teamet skal inkludere personer som til daglig jobber i prosessen og med omstillingene.
   - Behovet for deltakelse fra andre prosesser/fagmiljøer bør vurderes (fra vedlikehold, utvikling, verktøyavdelingen, planlegging m.fl.).
   - Vurder å invitere personer fra andre prosesser som skal gjennomføre tilsvarende forbedringsaktiviteter.

2 Utnevn en veileder som kjenner L6S-verktøy og -teknikker

3 Definer problemet
   - Beskrivelsen skal tydeliggjøre hvorfor det er viktig å få redusert omstillingstiden nå. Dette punktet er en del av forankringen av problemstillingen hos alle involverte.

4 Etabler en kommunikasjonsplan (kapittel 4.1)
   - Identifiser interessentene og avtal kommunikasjon og involvering.

5 Lag en tabell som angir hvilke omstillinger (fra–til) som er de viktigste. Både varighet og hyppighet for de ulike omstillingskombinasjoner må da vurderes. Tabell 16 kan brukes for å lage en slik oversikt.

6 Mål de viktigste omstillingstidene for å tallfeste nå-situasjonen
   - Paretodiagram kan benyttes til å visualisere omstillingstidene og hyppighet
   - Kontrolldiagram kan benyttes til å visualisere omstillingstidene som funksjon av tid
   - Histogram kan benyttes til å visualisere variasjonen i omstillingstider

7 Gjør en vurdering av potensialet for reduksjon av omstillingstid for hver av de viktigste omstillingene

8 Definer målsettingen(e) med hensyn til redusert omstillingstid

9 Lag en fremdriftsplan

10 Vurder de økonomiske gevinstene ved en vellykket gjennomføring

Fra produkttype	Til produkttype	Status (omstillingstid)	Målsetting (omstillingstid)	Hyppighet
A	B			
B	A			
A	C			
C	A			
B	C			
C	B			

Tabell 16. Viktige omstillingskombinasjoner

8.3.2 Fase 2: Måle og analysere (measure/analyse)

Hovedmålsettingene i denne fasen er å:

1 Identifisere hvilke omstillingsaktiviteter som direkte (enkelt) kan skilles ut, slik at de blir ytre aktiviteter.

2 Identifisere indre aktiviteter som kan endres/konverteres, slik at de blir ytre aktiviteter.

3 Identifisere årsaker til unødvendig tidsbruk for gjenværende indre aktiviteter.

4 Identifisere årsaker til unødvendig tidsbruk for ytre aktiviteter.

En mulig tilnærming til measure/analyse-fasen er beskrevet i tabell 17.

Trinn	Aktivitet	Beskrivelse
1	Film omstillingen	Filmen skal gi et representativt bilde av hva som gjøres under omstillingen, og hvor lang tid de ulike aktivitetene tar. Mer om bruk av video finnes i kapittel 5.4.
2	Kartlegg tidkrevende aktiviteter og bevegelser	Om det er laget en videofilm, bør teamet se på denne sammen i et møterom. Identifisere alle aktiviteter som inngår i omstillingen i dag. Når hensiktsmessig, bruk brainwriting. Om relevant: Kartlegg hele eller deler av omstillingsprosessen ved hjelp av flytskjemaer (figur 53). Ta med aktivitetsbokser for venting, leting, transport, bevegelse, justering osv. Noter gjerne interessant faktainformasjon og informasjonsflyt for aktivitetene og bevegelsene. Om relevant: Benytt spagettidiagram til å kartlegge tidkrevende bevegelser av personer, verktøy, dokumenter, utstyr, produkter osv. Estimer eller mål tidsbruk per aktivitet og bevegelse. Visualiser gjerne ved hjelp av paretodiagram (se eksempel i figur 54)
3	Dokumenter aktiviteter og bevegelser	Et eksempel på aktivitetstabell er angitt i tabell 18.
4	Skill ut ytre aktiviteter	For hver indre aktivitet i aktivitetstabellen vurder om denne, eller deler av denne, kan skilles ut som ytre aktivitet. Om deler av en aktivitet kan skilles ut, bør aktiviteten i tabellen splittes opp i delaktiviteter slik at tabellens aktiviteter har "rene" indre og (potensielt) ytre aktiviteter.
5	Konverter indre aktiviteter til ytre aktiviteter	Analyser hver av de gjenværende indre aktivitetene, og vurder muligheter for å fjerne disse eller endre/konvertere dem til ytre aktiviteter. I dette arbeidet må teamet normalt analysere selve produksjonsprosessen for å forstå mulighetene for konvertering.
6	Kartlegg årsaker til indre tid	Teamet står på dette tidspunkt igjen med et sett aktiviteter som må gjøres i omstillingstiden. Det er viktig at denne tiden blir kortest mulig. Prioriter de aktiviteter som har størst potensial for tidsbesparelse. Bruk gjerne paretodiagram til å visualisere dette. Kartlegg mulige årsaker til unødvendig lang tidsbruk for de prioriterte aktivitetene. Fiskebeinsdiagram (kapittel 5.1) og/eller tabell (se tabell 19) kan benyttes i denne kartleggingen.
7	Kartlegg årsaker til ytre tid	Gå gjennom de ytre aktivitetene, og prioriter dem som har størst potensial for tidsreduksjon. Kartlegg mulige årsaker til unødvendig lang tidsbruk for hver av de prioriterte aktivitetene. Fiskebeinsdiagram (kapittel 5.1) og/eller tabell (se tabell 19) kan benyttes for denne kartleggingen.
8	Mål årsaker til omstillingstid for indre og ytre aktiviteter	Dersom teamet behøver flere fakta for å forstå årsaker til tidsbruk, bør det lages en datainnsamlingsplan. Planen skal sikre at målingene er "gode nok" til å fatte beslutninger (se mer om datainnsamlingsplanen kapittel 5.5).

Tabell 17. Detaljer i gjennomføringen av measure/analyse-fasen

Omstillingstid, status før prosjekt

Indre	Ytre

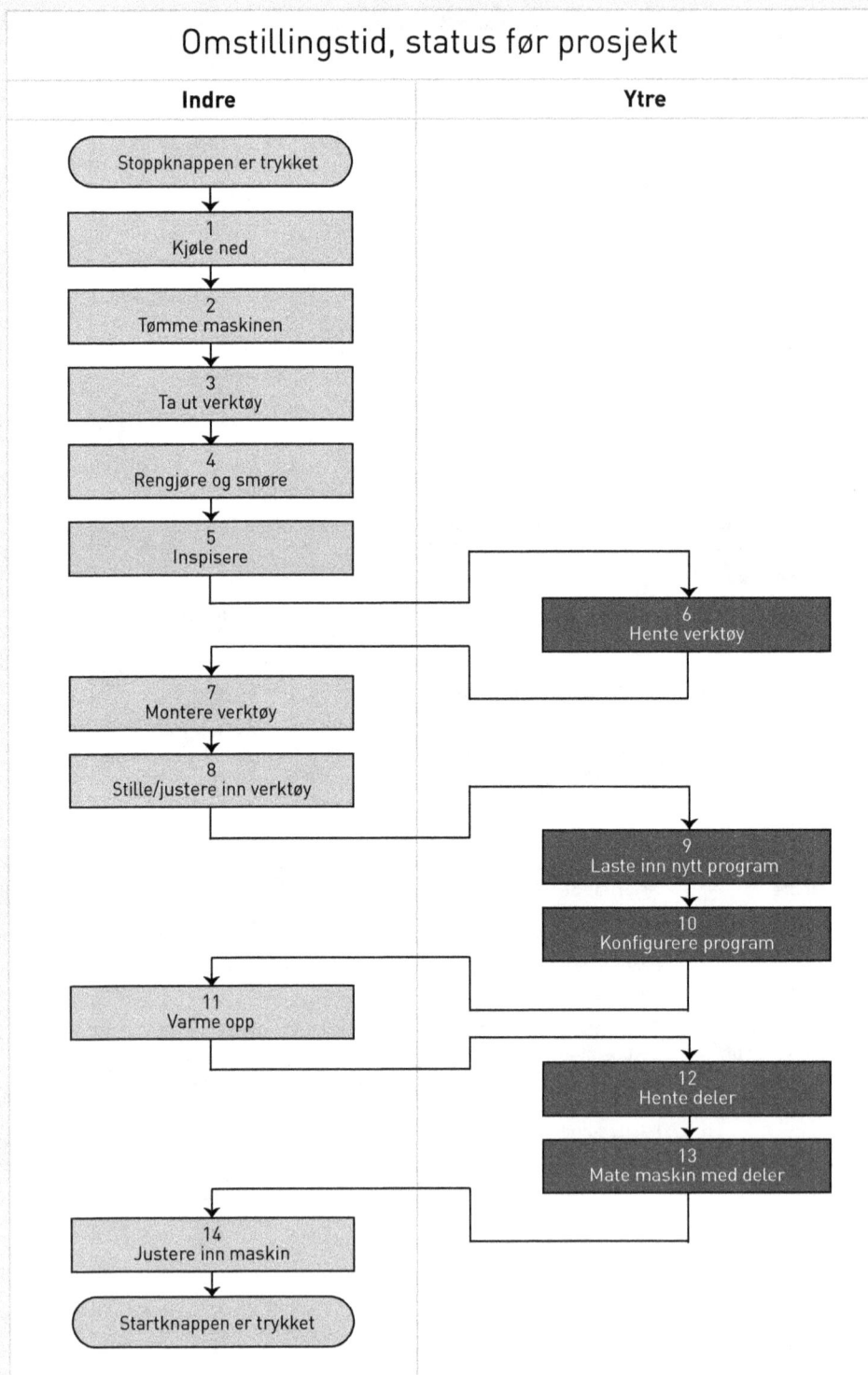

Figur 53. Eksempel på flytskjema for omstillingen

Nr.	Aktivitet/bevegelse	Tid (min.)	Indre	Ytre
1	Kjøle ned	10	X	
2	Tømme maskinen	5	X	
3	Ta ut verktøy	10	X	
4	Rengjøre og smøre maskinen	8	X	
5	Inspisere maskinen	2	X	
6	Hente nytt verktøy	4-10		X
7	Montere verktøy	5	X	
8	Stille/justere inn verktøy	10-30	X	
9	Laste inn program	5		X
10	Konfigurere program	8		X
11	Varme opp	20	X	
12	Hente deler	5-15		X
13	Mate maskinen med nye deler	5		X
14	Justere inn maskinen	20-50	X	

Tabell 18. Aktivitetstabell som viser tidsbruk for omstillingsaktiviteter

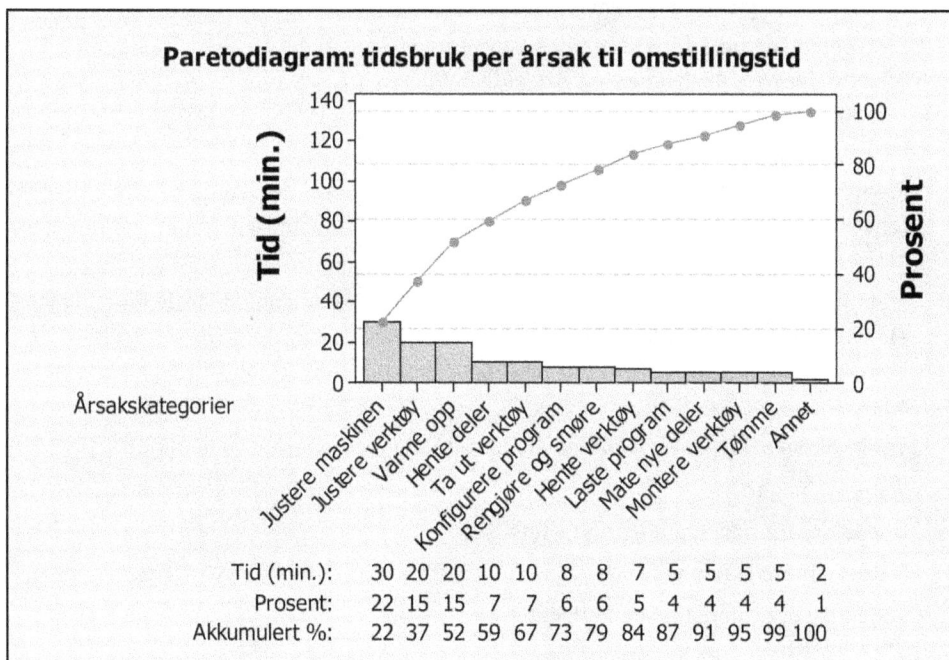

Figur 54. Paretodiagram for visualisering av tidsbruk per omstillingsaktivitet

Indre aktivitet	Årsaker til for lang tidsbruk
Lang nedkjølingstid	• Luftavkjøling • Deksler åpnes ikke ved nedkjøling • Uklart hvor kaldt det må være før verktøy tas ut
Lang justeringstid for nytt verktøy	• Vanskelig å finne optimal vinkel • Vanskelig å sentrere • Flytter seg når en drar til siste festeskrue • Store forskjeller i slitasje på verktøy krever ulik justering • Noen verktøy er mangelfullt rengjort
Lang oppvarmingstid	• Lav effekt på varmeelementer • Dårlig isolering
Lang tid på å justere og kjøre inn maskinen	• Uklart hva som er optimal startinnstilling – må prøve og feile • Variasjon i verktøyene krever forskjellige startinnstillinger

Tabell 19. Tabell med årsaker til for lang indre tid

8.3.3 Fase 3: Forbedre (improve)

Før denne fasen starter, har teamet laget:

- En tabell med indre og (potensielt) ytre aktiviteter med tider.

- En tabell (eventuelt flere fiskebeinsdiagrammer) som angir årsakene til (lang) tidsbruk for hver av de indre og ytre aktivitetene.

Teamet skal nå gjennomføre følgende hovedaktiviteter:

1   Identifisere og detaljere hva som konkret må gjøres for at de potensielt ytre aktivitetene virkelig blir ytre aktiviteter. Eksempelvis: sørge for ekstra bemanning for å gjøre aktiviteter parallelt.

2   Identifisere alternative løsninger for å fjerne årsakene til lang tid for de indre og ytre aktivitetene med størst forbedringspotensial. Eksempelvis: sørge for ekstra bemanning for å gjøre aktiviteter parallelt, reorganisere verktøy, infrastruktur, lager og maskiner for å redusere unødvendig transport og bevegelse.

3   Vurdere risiko, forbedringspotensial og kostnader ved alternative løsninger.

4   Velge løsninger.

5   Oppdatere fremdriftsplanen/aktivitetslisten.

6   Implementere løsninger.

7   Lage liste over gjenstående aktiviteter.

Tabell 20 beskriver tilnærmingen mer detaljert.

Nr.	Aktivitet	Bekrivelse
1	Identifiser løsninger/ tiltak for å gjøre indre aktiviteter til ytre aktiviteter	For hver av de potensielt ytre aktivitetene angis hva som må gjøres for at de skal bli virkelig ytre aktiviteter. Tabell 21 viser hvordan tiltakene kan oppsummeres. Det kan være aktuelt å gjennomføre en begrenset 5S for å redusere leting og henting.
2	Identifiser alternative løsninger for å redusere gjenværende indre tid	Med utgangspunkt i årsakene til lang tidsbruk (tabell 19) skal alternative løsninger identifiseres. Tabell 22 viser hvordan dette kan oppsummeres. For å finne de beste løsningene kan følgende vurderes: • Hvilke indre aktiviteter som kan gjøres parallelt (tabell 23 og 24 kan brukes til dette) • Muligheten for å bruke tilleggsressurser til å kjøre samtidige aktiviteter • Forenkling av prosedyrer • Utfordre etablerte sannheter – gjelder de ennå? • Muligheten til å lage spesialverktøy for å forenkle arbeids-oppgaver
3	Identifisere risiko, potensial for forbedring og kostnader	Ulike løsninger vil ha ulike fordeler og ulemper. Gå gjennom tabellen som angir de ulike løsningsalternativene og vurder bl.a.: • HMS-risiko • Risiko for redusert kvalitet • Risiko for redusert ytelse for senere prosesstrinn (nedstrøms) • Forventet tidsreduksjon • Kompleksitet ved løsningen • Implementeringstid for løsningen • Kostnader ved løsningsalternativene • Mulige risikoverktøy er beskrevet i kapittel 6.5 og 6.6
4	Velge løsninger/tiltak	Basert på gjennomgangen i forrige trinn velges løsninger og tiltak. Om løsningsvalgene ikke er opplagte, kan teamet vurdere å bruke prioriteringsverktøyene beskrevet i kapittel 4.2.4.3, 6.3 og 6.4.
5	Oppdatere fremdriftsplanen, forventede forbed-ringer og gevinster	Teamet vet nå hvilke løsninger som er aktuelle. Denne kunnskapen kan benyttes til å oppdatere forventet forbedring og fremdrifts-planen.
6	Beslutte implementering	Før implementeringen starter, skal teamet be om formell aksept for løsninger, budsjett og fremdriftsplaner.
7	Beskrive løsninger	Løsningsalternativene er besluttet. Teamet må da beskrive detaljene i løsningene slik at de lar seg implementere i det operative miljøet.
8	Implementere løsninger	Om prosessens ytelse påvirkes negativt i implementeringsperioden, bør gjennomføringen gjøres slik at de negative konsekvensene blir så små som mulig. Om det er mulig, bør den nye omstillingsprosessen prøvekjøres/piloteres.
9	Lage liste over gjenstående aktiviteter	Viktige tiltak som ikke er gjennomført når ny omstillingsprosess er implementert, skal følges opp av teamleder og nærmeste leder.

Tabell 20. Detaljer i gjennomføringen av improve-fasen (omstillingstid)

Nr.	Aktivitet/ bevegelse	Tiltak for gjøre potensielt ytre aktiviteter til virkelig ytre aktiviteter
1	Hente nytt verktøy	Tiltak 1
		Tiltak 2
		Tiltak 3
2	Laste inn program	Tiltak 4
		Tiltak 5
3	Konfigurere program	Tiltak 6
4	Hente deler	Tiltak 7
		Tiltak 8
5	Mate maskinen med nye deler	Tiltak 9

Tabell 21. Tabell over tiltak for å gjøre potensielt ytre aktiviteter til virkelig ytre aktiviteter

Prioritert aktivitet: Justere inn verktøy	
Prioriterte årsaker	Alternative tiltak
Flytter seg når en drar til siste festeskrue	Tiltak 1
	Tiltak 2
	Tiltak 3
Store forskjeller i slitasje på verktøy	Tiltak 4
	Tiltak 5
Vanskelig å finne optimal vinkel	Tiltak 6
	Tiltak 7
	Tiltak 8

Tabell 22. Tabell med mulige tiltak for å fjerne årsaker til lang tidsbruk for aktiviteten "justere inn verktøy"

Aktivitet	1	2.1	2.2	2.3	3	4.1	4.2	5
1								
2.1			X	X				
2.2		X		X				
2.3		X	X					
3								
4.1							X	
4.2						X		
5								

Tabell 23. Indre aktiviteter som kan gjøres samtidig (parallelt)

I tabell 23 er alle gjenstående indre aktiviteter angitt både i horisontal og vertikal retning. Kryssene i de ulike rutene angir hvilke av aktivitetene som teamet mener kan gjøres parallelt.

Aktivitetsnr.	Aktivitet	Hvem
1	Fiksere aksling	Operatør 1
2.1	Montere første arm	Operatør 1
2.2	Montere andre arm	Operatør 2
2.3	Montere tredje arm	Operatør 3
3	Montere slutning	Operatør 1 og 2
4.1	Justere senterposisjon	Operatør 1
4.2	Justere høyde	Operatør 2
5	Fjerne akselfiksering	Operatør 1

Tabell 24. Hvem gjør hva i ny omstillingsprosess

Tabell 24 angir rekkefølge på aktiviteter, aktivitetsbeskrivelse og hvem som skal utføre aktiviteten. Aktiviteter med samme heltall skal gjennomføres parallelt. Et funksjonsflyt-skjema (kapittel 5.3.3) kan være et godt verktøy for å visualisere ansvaret og flyten.

8.3.4 Fase 4: Sikre (control)

I den siste fasen skal teamet:

1 Aktivt følge opp og gjøre nødvendige tilpasninger for å sikre at den nye omstillings-prosessen går best mulig og er varig.

2 Gjennom målinger dokumentere forbedringene.
   - Paretodiagram, histogram og kontrolldiagram vil være aktuelle verktøy for visualisering av forbedringene (se kapittel 5.6).

3 Gjøre nødvendige endringer i eierskap og ansvar som følge av endret prosess.

4 Gjøre nødvendige endringer/oppdateringer av målesystemer for prosessen.

5 Gjøre nødvendige oppdateringer av prosessdokumentasjonen. Herunder utarbeide rutinebeskrivelser og ettpunktsleksjoner (kapittel 8.2.5). Noen virksomheter velger å legge inn standardtider for aktivitetene i rutinen. For produksjonsplanleggingen kan det være hensiktsmessig å ha en tabell som viser de nye tidene knyttet til omstil-lingskombinasjonene (se tabell 25).

6 Gjøre nødvendige oppdateringer av opplæringsprogrammet for prosessen.

7 Lage en A3-oppsummering (kapittel 9.2), formelt avslutte forbedringsaktiviteten og loggføre denne.

Til \ Fra	A	B	C
A	6	12	15
B	8	8	8
C	10	12	8

Tabell 25. Omstillingstidene i minutter for overgang mellom produktene A, B og C.

Notater

Notater

9 Maler

9.1 Prosjektcharter i A3-format

Et prosjektcharter definerer prosjektet som skal gjennomføres. Prosjektcharteret kan ses på som en avtale/kontrakt mellom prosjekteier og prosjektleder/team. Et detaljert charter kan inneholde følgende elementer:

1 Prosjekteier (sponsor)

2 Prosjektleder

3 Prosjektveileder (Black Belt/Lean-koordinator)

4 Prosjektteamet

5 Prosjekttittel

6 Problembeskrivelse

7 Forbedringsmål (variabel, nivå i dag og målsetting)

8 Gevinster som følge av oppnådde forbedringer (økonomiske gevinster og andre gevinster)

9 Prosjektavgrensninger

10 Prosessavgrensninger (start og stopp for prosessen som skal forbedres)

11 Overordnet fremdriftsplan (milepælplan)

12 Kritiske suksessfaktorer for prosjektet

Figur 55 viser et eksempel på et prosjektcharter.

Prosjekttittel	Prosjekteier/sponsor	Teamet:
Problembeskrivelse	Prosjektleder	
	Prosjektveileder	
	Forbedringsmål (SMART)	
Prosjektføringer	Forventede økonomiske gevinster og andre gevinster	
Prosess/produktavgrensninger		
Prosjektets risikofaktorer		
Fremdriftsplan		

Figur 55. Eksempel på prosjektcharter

9.2 Rapportmal for DMAIC i A3-format (= A3 storyboard)

Virksomheten bør ha maler for å dokumentere resultater av forbedringsprosjekter og forbedringsaktiviteter. For mindre fordringsaktiviteter kan en A3-mal med DMAIC-struktur benyttes for både løpende og avsluttende dokumentasjon. Viktige DMAIC-prosjekter som benytter den omfattende storyboard-malen (kapittel 9.3), kan avslutningsvis benytte A3-malen for å lage en oppsummering av prosjektets faser og viktige leveranser. På grunn av A3-formatets begrensede plass kreves det streng prioritering av innholdet. Tekst og figurer skal ha god lesbarhet. Figur 56 viser et eksempel på en A3-mal.

Prosjekttittel:			Prosjektnr:	Versjon:	Løsninger og risiko			Improve
Prosjektsponsor:			Prosjektleder:					
Veileder:			Team:					
Annet:								
Prosjektstart:	Prosjektslutt:		Opprinnelig prosjektslutt:					

Problembeskrivelse/bakgrunn — Define

Status og målsettinger — Define

Vurdering av økonomiske gevinster — Define

Hvor er viktige årsaker (prosess/VSM)	Define	Nytt ansvar, målinger, dokumenter, utdanning	Control/Sustain

Resultat oppnådd	Control/Sustain

Rotårsakanalyse	Analyse	Aktivitet	Ansvar	Frist	Status

Figur 56. Eksempel på innhold i et A3-format storyboard

9.3 Omfattende storyboard for dokumentasjon av forbedringsaktiviteter og prosjekter

For mange prosjekter vil dokumentasjon av analyser og bruk av plasskrevende verktøy som verdistrømkart, flytskjemaer, SIPOC, FMEA og fiskebeinsdiagram gjøre at A3-formatet blir for begrensende. I slike tilfeller bør det benyttes et større og mer utfyllende storyboard som både fungerer som arbeidsdokument, rapport og presentasjonsmal.

Storyboardet skal presentere/visualisere prosjektets metodiske DMAIC-tilnærming, og derfor inkludere alle viktige hovedverktøy, viktige analyser og beslutninger. Hensikten er forenklet kommunikasjon, gjenbruk av prosjektets resultater, gjenbruk av prosjektets erfaringer og prosjektets metodiske bruk av verktøy. En oppsummerende A3-versjon av det mer omfattende storyboardet kan lages ved prosjektavslutning. Når prosjektet presenterer storyboardet for lederne, bør det fokuseres på hovedkonklusjonene. Dette kan gjøres ved å skjule lysbilder som inneholder mindre viktige detaljer.
En slik lederpresentasjon bør ikke være på mer enn 10 sider.

De følgende punktene angir forslag til innhold i en omfattende storyboard-mal. Hvert av de nummererte punktene representerer et lysbilde. Forslaget til storyboard-mal inkluderer ikke roller og ansvar i prosjektet. Denne typen informasjon skal beskrives i prosjekt-charteret. Det er viktig å huske at malen er et utgangspunkt for prosjektspesifikke tilpasninger.

- Side 1: Hva er Problemet? (Define)
  - Beskriv problemet med tekst og eventuelt tall.
- Side 2: Hvor finnes viktige årsaker, og hvem er kravstillere? (Define)
  - Lag en SIPOC og angi prioriterte kunder/kravstillere.
- Side 3: Hva er kravene? (Define)
  - Lag ett eller flere kravtrær – ett per kunde/kravstiller (CTQ-tre).
  - Tydeliggjør hvilke variabler prosjektet prioriterer.
- Side 4: Hvem er sentrale interessenter, og hvordan skal disse håndteres? (Define)
  - Basert på en interessentanalyse: Lag en kommunikasjonsplan.
- Side 5: Hva er det økonomiske perspektivet (business caset) på prosjektet? (Define)
  - Beskriv de økonomiske konsekvensene/fordelene av prosjektet.
  - Angi eventuelt også andre viktige tilleggsgevinster.
- Side 6: Hva er den planlagte fremdriften, og hvilke er risikofaktorene? (Define)
  - Lag et Gantt-diagram.
  - Angi møteplan.
  - Angi risikofaktorer som kan hindre prosjektets fremdrift og resultat.

- Side 7: Hva skal måles, hvordan skal det måles? (Measure/Analyse)
  - Lag en datainnsamlingsplan
- Side 8: Hva skal gjøres for å verifisere målesystemet? (Measure/Analyse)
  - Angi aktiviteter som skal sikre at målesystemet fungerer etter intensjonen fra start.
- Side 9: Hvilke er de viktigste direkteårsakene? (Measure/Analyse)
  - Tegn et fiskebeinsdiagram begrenset til direkteårsakene. Ett diagram per prioritert CTQ.
  - Tydeliggjør prioriterte direkteårsaker ved hjelp av piler, farger eller sirkler.
- Side 10: Begrunn prioriteringen av direkteårsaker. (Measure/Analyse)
  - Bruk for eksempel en tabell som på en oversiktlig måte angir direkteårsaker og beslutningsunderlaget for prioriteringen av disse. Om dataanalyse og/eller prosesskartlegging ligger til grunn for beslutningene, kan disse analysene legges til på nye sider etter denne tabellen (se under).
- Side 11: Hvilke er de prioriterte rotårsakene? (Measure/Analyse)
  - Bruk for eksempel punkter med innrykk i et lysbilde for å visualisere viktige årsak/virkning-kjeder for hver av de prioriterte direkteårsakene.
  - Tydeliggjør prioriterte rotårsaker ved hjelp av piler, farger, eller sirkler
- Side 12: Begrunn prioriteringen av rotårsaker. (Measure/Analyse)
  - Bruk for eksempel en tabell som på en oversiktlig måte angir rotårsaker og beslutningsunderlaget for prioriteringen av disse. Om dataanalyse og/eller prosesskartlegging ligger til grunn for beslutningene, kan disse analysene legges til på nye sider etter denne tabellen.
- Side 13: Dataanalyse og prosesskartlegginger. (Measure/Analyse)
  - Viktige analyser og kartlegginger med kommentarer om "funn" gjøres på en eller flere sider. Disse analysene og kartleggingene støtter prioriteringene når det gjelder direkteårsaker og rotårsaker.
- Side 14: Hvilke alternative løsninger er aktuelle? (Improve)
  - Lag for eksempel en tabell for å angi alternative løsningsforslag for hver priori-tert rotårsak.
  - Angi gjerne også en vurdering av investeringsbehov og implementeringstid i den samme tabellen.
- Side 15: Hvilken risiko er det ved de ulike løsningsalternativene? (Improve)
  - Gjør en overordnet konsekvens- og risikovurdering knyttet til HMS, økonomi, kvalitet, fremdrift (eventuelt annet).
  - ROS-matrisen eller en overordnet FMEA-matrisen kan benyttes.
- Side 16: Hvilke løsninger velges/prioriteres? (Improve)
  - Bruk kriteriematrise og prioriteringsmatrise.

- Side 17: Detaljer, løsninger. (Improve)
  - Bruk tabeller, flytskjemaer, trestrukturer eller punkter (bullets) til å dekomponere og beskrive nødvendige detaljer for prioriterte løsningsalternativer
- Side 18: Hvilken risiko er det ved de detaljerte løsningene? (Improve)
  - Gjør en konsekvens- og risikovurdering ved hjelp av FMEA og/eller ROS-matrise. Angi korrektive tiltak.
- Side 19: Oppdater prosjektets business case. (Improve)
  - Angi forventede gevinster.
- Side 20: Oppdater prosjektets fremdriftsplan. (Improve)
- Side 21: Hvilke forbedringer ble oppnådd? (Control)
  - Visualiser oppnådde forbedringer ved hjelp av dataverktøy som for eksempel paretodiagram, histogram eller kontrolldiagram.
- Side 22: Hvilke økonomiske gevinster ble oppnådd? (Control)
  - Dersom mulig: Angi realiserte gevinster.
- Side 23: Hvilket nytt ansvar er definert og plassert hos medarbeidere/ledere? (Control)
- Side 24: Hvilke endringer er gjort i målesystemer og rapporter for å ha kontroll med prosessen videre? (Control)
- Side 25: Hvilke endringer er gjort i dokumentasjonssystemer og opplæringssystemer? (Control)
- Side 26: Hvilke muligheter er det for gjenbruk av prosjektets resultater? (Control)
  - Angi også hvem som har ansvaret for å videreformidle disse mulighetene.
- Side 27: Hvilke forslag har prosjektet til videre forbedringer? (Control)
  - Angi også hvem som har ansvaret for å videreformidle disse mulighetene.
- Side 28: Prosjektevaluering. (Control)

9.4 Eksempel på 5S-sjekkliste – produksjonsmiljø

Pos.	5S-kriterium	5S-krav	5S-nivå	Vurdering	Poeng	Nr.
1	Unødvendige ting i sonen	Ingen				1
2	Renholdsutstyr	Komplett og i stand				2
		På anvist, merket plass				3
3	Renhet gulv	Helt rent gulv (uten papir, væsker, søppel, støv)				4
	Gjenstander gulv	Ingen løse gjenstander (varer, verktøy etc.) på gulv	2			5
4	Tavler	Kun besluttet informasjon/dokumenter på tavla				6
		Informasjonen er oppdatert				7
5	Nødutganger	Merket og tilgjengelige iht. til krav				8
6	Brannslukkingsutstyr	På plass og i stand iht. til krav				9
7	Sikre soner	Merket med standardisert tape iht. til krav				10
		Farlig utstyr med feilfrie barrierer iht. til krav				11
8	Faringsveier	Tydelig merket, ikke skadet og 100 % synlige iht. til interne krav				12
		Ingenting i faringsveiene som ikke skal være der				13
		Helt rene (uten papir, væsker, søppel, støv)				14
9	Maskiner og fast inventar	Rengjort og malt iht. til interne krav	3			15
		Feil og mangler er rapportert formelt				16
10	Vegger og tak	Rengjort og malt iht. til interne krav				17
11	Flyttbart utstyr/hjelpemidler	Plassert på merket plass				18
		Feil og mangler er rapportert formelt				19
12	Lagringsmetode	Alle varer/dokumenter har en definert plass				20
		Alle varer/dokumenter er lagret i standard kontainer, mapper, bokser				21
13	Renhold	Det eksisterer prosedyrer for området/sonen				22
		Teamet er selv ansvarlig for renhold				23
14	Hyller, pulter/bord, skap	Har merking slik at alt har sin tydelige plass				24
15	Vedlikehold	Det eksisterer prosedyrer for området/sonen	4			25
		Teamet er selv ansvarlig for en del av vedlikeholdet				26
16	Verktøy/nødvendig utstyr	Alt har en plass, og alt er på plass (når det ikke er i bruk)				28
		Plassert i hensiktsmessig nærhet til arbeidsområdet				29
17	Renhold	Teamet har formalisert arbeidet med å redusere årsaker til rot, søl, etc.	5			30
		Teamet gjennomfører daglig renhold og har sjekklister for gjennomføring				31
18	Lager/logistikk	Lagernivåer er definert				32
		Lageret er organisert etter FIFO-prinsippet				33
		Bestilling sendes når lageret er under et definert nivå				34

Notater

10 Bibliografi

Bergman, B. (1992). *Industriell forsöksplanering och robust konstruktion.* Lund, Sverige: Studentlitteratur. ISBN 91-44-36861-5.

Brook, Q. (2006). *Six Sigma and Minitab. A complete toolbox guide for all Six Sigma practitioners.* QSB Consulting 2006. ISBN 0-9546813-2-0.

Dennis, P. (2007). *Lean Production Simplified.* Productivity Press. ISBN 978-1-56327-356-8.

Ginn, D., & Warner, E. (2004). *The Design for Six Sigma Memory Jogger.* GOAL/QPC. ISBN 1-57681-047-X.

GOAL/QPC. (1998). *The Creativity Tools Memory Jogger.* ISBN: 1-57681-021-6.

Kubiak, T.M., & Benbow, D.W. (2008). *The certified Six Sigma Black Belt Handbook* (2. utgave). Quality Press. ISBN 978-0-87389-732-7.

Lean Enterprise Institute. (2004). *Lean Lexicon.* ISBN 0-9667843-6-7.

Lee, Q., & Snyder, B. (2006). *Value Stream & Process Mapping.* Enna Products Corporation. ISBN 1-897363-43-5.

Montgomery, D.C. (2009). *Design and Analysis of Experiments* (7. utgave). 978-0-470-39882-1.

Rath & Strong. (2003). *Lean Six Sigma road map.* ISBN 0-9705079-6-8.

Rath & Strong. (2003). *Six Sigma leadership handbook.* (T. Bertels, Ed.) John Wiley & Sons, Inc. ISBN 0-07-143411-9.

Rath & Strong. (2004). *Six Sigma Advanced Tools Pocket Guide.* ISBN 0-471-25124-0.

Rath & Strong. (2006). *Six Sigma Pocket guide.* ISBN 0-9746328-7-2.

Tennant, G. (2005). *Pocket Triz for Six Sigma* (2. utgave). ISBN: 0-9546149-0-9.

Wheeler, D. J. (2005). *Guide to data analysis.* Knoxville, Tennessee: SPC Press. ISBN 0-945320-62-0.

Stikkordregister

B

Black Belt.. 34, 35
Brainwriting 49, 107
Business Case..54

D

Datainnsamling..87
Direkteårsaker...62

E

Ettpunktsleksjon...143

F

FIFO-lager..130
Fiskebeinsdiagram 59, 60
FMEA..113
Fremdriftsplan..56

G

Gantt-diagram 56
Gjennomløpstid...146
Go to Gemba...132

H

Histogram 88

I

Indre aktiviteter..149
Interessenter 36
IVØ-aktiviteter (ikke-verdiøkende aktiviteter) 80

K

Kaizen 130
Kanban 140
Kommunikasjonsplan 36
Kontrolldiagram 92
Kravtre (CTQ-tre) 46
Kriteriematrise 108

L

Lean-koordinator 35

M

Multivoting (votering) 50
Målesystemverifikasjon 87

O

Omstillingstid 146

P

Paretodiagram 91
Prioriteringsmatrisen 108
Problembeskrivelsen 39
Prosesskart 73
Prosjektcharter 26, 33, 163
Prosjektleder 34
Prosjektteamet 34
Prosjektveileder 35
Pull-flyt 129
Push-flyt 129

R

Raske omstillinger 146
ROS-matrisen 117
Rotårsaker 64

S

Scatter-diagram 90
SIPOC 40
Spagettidiagram 84
Standardisere 143
Storyboard 166
Supermarkedlager 130

U

Underliggende årsaker...64

V

Veileder (Black Belt/Lean-koordinator) 35
Verdistrømkart (VSM)...127
Videokamera 86
Votering (multivoting) 50
VØ-aktiviteter (verdiøkende aktiviteter) 80

Y

Ytre aktiviteter..149

Dr.ing.
Sven H. Danielsen

Sven H. Danielsen sluttførte sivilingeniørstudiet i telekommunikasjon ved NTNU i 1986. Etter ti år med industriell forskning og utvikling på kommunikasjonssystemer i Norge, Sverige og Sveits tok han en doktorgrad i telekommunikasjon i 1996.

I 1998 var Sven med på å etablere Universal Telecommunication Systems, en spin-off fra Telenor. Som daglig leder (1998–2002) var hans viktigste oppgave å planlegge og gjennomføre virksomhetens nasjonale og internasjonale salgsstrategi.

Gjennom et konsulentoppdrag for Telenor ble Sven introdusert for Six Sigma. Svens entusiastiske oppdagelse av «Six Sigma» i 2002 førte til en ny retning i hans videre profesjonelle utvikling. Heretter ble hans sentrale fokuseringsområde kurs og rådgivning i Six Sigma, og senere Lean.

I dag bruker Sven mye tid til å utvikle kunnskapen om "hva en virksomhet må gjøre for å produsere resultater i verdensklasse". Kunnskapen om dette utvikles i dialog med flinke og meget kompetente ledere i ulike bransjer. Resultatene av utvikingsarbeidet brukes til å gjøre Lean- og Lean Six Sigma-kursene bedre.

* 9 7 8 8 2 9 9 8 7 8 3 1 9 *